SPORT
VERLAG

Helmut Linzbichler

DER TRANSAMERIKALAUF

5000 Kilometer von Los Angeles nach New York

Sportverlag Berlin

ISBN 3-328-00564-1

© Sport und Gesundheit Verlag GmbH 1992
Erste Auflage
Einbandfoto: Mauritius
Einbandgestaltung: Theodor Bayer-Eynck
Printed in Germany 1992
Satz: Theuberger Verlag GmbH, Berlin
Druck: Graphischer Großbetrieb Pößneck GmbH.
Ein Mohndruck Betrieb

Inhaltsverzeichnis

Vorwort

Transam '92, das längste Rennen der Welt. Der Traum zweier Männer ist in Erfüllung gegangen, doch ich bin mir nicht sicher, ob nicht am Ende dieses Traumes ein böses Erwachen steht. Michael Kenney, der Race Manager, und Jesse D. Riley als Race Director haben alles geopfert, um dieses Rennen auf die Beine zu stellen, und mußten letztlich erkennen, daß sie als Amateure reinsten Wassers einfach zu klein waren, ein Rennen dieser Größenordnung für alle Beteiligten zufriedenstellend über die Bühne zu bringen. Wäre nicht in letzter Minute mit „Runner's World" ein Sponsor gefunden worden, der seinerseits mit „Gatorade" einen Partner einbrachte, der für die Basisverpflegung der Läufer entlang der Strecke aufkam, wäre das Rennen schon vor dem Start gescheitert. Allerdings muß auch gesagt werden, daß es ohne diese beiden Männer das Rennen überhaupt nicht gegeben hätte. Allein schon deshalb gebührt ihnen uneingeschränkt Dank und Bewunderung, sie haben eine unglaubliche Leistung vollbracht.

Von guten und schlechten Erfahrungen, von heiteren und ernsten Erlebnissen, von traurigen und lustigen Begebenheiten, von den Freuden und Qualen der Läufer, von wichtigen und nebensächlichen Dingen soll dieses Buch berichten. Es soll mit seiner Kritik an den Unzulänglichkeiten den Organisatoren helfen, dieses einzigartige Rennen in Zukunft besser zu gestalten, es soll aber auch jene 64 unvergeßlichen Tage, die wir erleben durften, festhalten und dem Leser einen Eindruck vermitteln, welche physischen Belastungen die Beteiligten zu ertragen hatten, welchen psychischen Spannungen sie allesamt ausgesetzt waren und welchen Kampf mit sich selbst und den Unbilden der Natur jeder von ihnen zu bestehen hatte. Ich glaube, niemand ist dazu besser berufen als einer, der selbst alle Höhen und Tiefen in diesem Rennen durchgemacht hat und für den das Motto, das die Veranstalter diesem Rennen voranstellten, wie auf den Leib geschneidert paßte: Es war „The Experience of a Lifetime".

Ich habe bewußt die amerikanische Sitte übernommen, alle Personen mit ihren Vornamen anzusprechen, und nur dort, wo sich diese gleichen, auch den Familiennamen hinzugefügt, um Verwirrung zu vermeiden.

Ein Traum wird verwirklicht

Dem Traum einer Durchquerung des amerikanischen Kontinents sehr nahe kamen bereits die ersten Eroberer im 16. und 17. Jahrhundert. Spanier, Franzosen und Engländer waren in der Hauptsache daran beteiligt, nur war ihr Motiv nicht sportlicher Ehrgeiz, sondern die Gier nach Gold und anderen Reichtümern, das Streben nach persönlichem Ruhm oder einfach der Auftrag des jeweiligen Herrscherhauses, dieses oder jenes Gebiet zu erforschen und dem Mutterland untertan zu machen. Diesen ersten Eroberungszügen folgten bis weit in das 19. Jahrhundert die Trecks der Siedler, die Abenteurer und Outlaws, meist angezogen vom Lockruf des Goldes, und schließlich auch einzelne religiöse Sekten – etwa die Mormonen – auf der Suche nach dem gelobten Land.

Nichts beweist besser den unaufhaltsamen Drang des Menschen nach neuen Horizonten und Herausforderungen als die Tatsache, daß bereits 1890 die erste dokumentierte sportliche Durchquerung der USA stattfand. John Ennis legte damals gehend die Strecke von Coney Island bei New York nach San Francisco in 80 Tagen und fünf Stunden zurück. Seither wurde der Kontinent sowohl in Ost-West- als auch in umgekehrter Richtung etliche Male zu Fuß durchquert, allein in den siebziger Jahren von mehr als einem Dutzend Leuten aus fünf verschiedenen Ländern. Noch nie hat eine Frau dieses Abenteuer allein gewagt.

1928 veranstaltete Charles C. Pyle, als „Cash and Carry" Pyle in die Geschichte eingegangen, das 1. Annual Transcontinental Foot-Race von Los Angeles nach New York. 275 Läufer und Geher stellten sich dieser Herausforderung, und immerhin 55 von ihnen erreichten nach 84 Tagen und 5510 Kilometern das Ziel im Madison Square Garden. Sieger war Andy Payne, ein junger Cherokee-Indianer aus Oklahoma, in 573 Stunden, 4 Minuten und 34 Sekunden. 1929 wurde dieses Rennen in umgekehrter Richtung durchgeführt, diesmal mit 186 Startern, von denen allerdings nur 19 nach 78 Tagen das Ziel in Los Angeles erreichten. John Salo, ein eingewanderter Finne, der in New Jersey lebte und 1928 hinter Andy Payne Zweiter geworden war, entschied dieses Rennen in 525 Stunden, 57 Minuten und 20 Sekunden für sich. Peter Gavuzzi aus England, im ersten Rennen wenige Tage vor dem Ziel wegen Verletzung ausgeschieden, wurde mit nur zwei Minuten und 47 Sekunden Rückstand Zweiter. Andy Payne war nicht mehr gestartet.

Da C. C. Pyle bankrott gemacht hatte, konnte diesmal das Preisgeld – immerhin 25 000 Dollar für den Sieger – nicht ausgezahlt werden. Deshalb wurden diese „Bunion Derbys" auch nie mehr wiederholt.

(Zur Erklärung: Unter „bunion" wird eine Fußverletzung verstanden, die durch unpassendes Schuhwerk hervorgerufen wird, und allgemein wurde angenommen, daß alle Läufer solche Beschwerden bekommen würden.)

Eine der größten Überraschungen erlebten wir alle im Ziel in New York, als wir dort den 85jährigen Harry Abrams begrüßen durften, den einzigen noch lebenden Teilnehmer der beiden Bunion Derbys. Abramowitz, wie Harry damals noch hieß, wurde 1928 als Geher Gesamtelfter und 1929 als Läufer Gesamtneunter.

Seitdem hat es eine Reihe von Versuchen gegeben, dieses Rennen wiederzubeleben, aber alle sind aus den verschiedensten Gründen gescheitert. Es ist das große Verdienst von Michael Kenney und Jesse D. Riley, daß sie es allen Schwierigkeiten zum Trotz – und deren gab es jede Menge – geschafft haben, 63 Jahre nach diesen bisher einzigen echten Rennen sich selbst und allen Teilnehmern den Traum einer Durchquerung des amerikanischen Kontinents zu verwirklichen.

Der Autor mit Harry Abrams, dem einzigen noch lebenden Teilnehmer der beiden Bunion Derbys von 1928 und 1929

Michael Kenney studierte Architektur in New York, übersiedelte später nach Eugene, Oregon, wo er auch als Coach mit zahlreichen Läufern arbeitete und war zuletzt Angestellter eines Rehabilitationscenters. Er wollte schon immer an solch einem Rennen teilnehmen, da jedoch niemand erfolgreich ein Rennen zuwege brachte, beschloß er, dies auf eigene Faust zu probieren.

Jesse D. Riley war zuletzt „Mädchen für alles" in einem Hotel in Key West, Florida. Er kann auf etliche Mehrtagerennen zurückblicken, von denen er die meisten als Geher zurücklegte, und er begleitete 1991 Al Howie auf dessen 7400 km langem Weltrekordlauf (72 Tage, 10 Stunden und 24 Minuten) quer durch Kanada. Beide opferten für die Verwirklichung ihres Traumes ihren Job und gründeten für die Durchführung dieses Rennens die „Ultramarathon Runner's Association", eine nicht auf Profit ausgerichtete Gesellschaft mit Sitz in Eugene, der Jesse als Präsident und Michael als Sekretär und Schatzmeister vorstehen. Als dritter Mann, derzeitiger Vizepräsident der Gesellschaft, wurde Barry Lewis,

Die Rennleitung bei einer der zahlreichen Besprechungen. Von links: Jesse D. Riley, der Renndirektor, Barry Lewis, zuständig für die Medienarbeit, und Michael Kenney, der Rennmanager, auch „Mr. Turnsheet" genannt, da die wirklich exakten Streckenbeschreibungen von ihm ausgearbeitet wurden

ein freischaffender Autor und Fotograf, involviert, dem während des gesamten Rennens die Öffentlichkeitsarbeit zufiel, die er in Zusammenarbeit mit dem Generalsponsor „Runner's World" erledigte. Was nicht immer ein Honiglecken war, da einfach zu viele Dinge zu schlecht oder zu ungenau vorbereitet waren, so daß er sich immer wieder um Dinge kümmern mußte, die eigentlich nicht zu seiner Arbeit gehörten.

Aus Angst, es könnte sich niemand melden, wurde eine vergleichsweise lächerliche Startgebühr von 200 Dollar veranschlagt und – als die Anzahl der Nennungen anschwoll – ein Maximalstarterfeld von 25 Läufern nach dem Prinzip von „first come, first serve" festgelegt. Dies führte in letzter Konsequenz dazu, daß einige Teilnehmer angenommen wurden, die schon aus athletischer Sicht keine Berechtigung hatten, an den Start solch eines Rennens zu gehen. Und prompt gab es mit diesen „Athleten" auch die größten Schwierigkeiten. Das niedrige Startgeld, verbunden mit der Tatsache, daß „Runner's World" keine finanzielle Hilfe gewährte, führte dazu, daß wie seinerzeit C. C. Pyle auch diesmal die Organisatoren am Rande des Bankrotts wandeln und wie Pyle versuchen wollen, mit weiteren Rennen in den kommenden Jahren die Verluste von 1992 auszugleichen. Eine gewaltige Herausforderung – aber wir, die „Pioniere", haben bewiesen, es ist machbar. Dieses Rennen ist von derart unglaublicher Dimension, daß es einfach leben muß! Es bleibt zu hoffen, daß nicht Unfähigkeit der Organisatoren die Saat, die wir Teilnehmer allen Schwierigkeiten zum Trotz zum Blühen brachten, verdorren und damit dieses einmalige Unternehmen wohl endgültig aus dem Kalender der internationalen Sportveranstaltungen verschwinden läßt.

Vorbereitungen und Start

„Three-thirty, three-thirty", häßlich laut hallt Jesses Stimme durch die weite Turnhalle der High-School. Minutenlang rührt sich nichts, dann die ersten Seufzer, als sich einer nach dem anderen aus seinem Schlafsack wälzt. Irgend jemand schaltet das Licht ein. Müder Protest, als der Schein der Lampen schmerzhaft in die Augen fällt, Katzenwäsche, Ankleiden, alles geht stumm und im Zeitlupentempo vor sich. Suche nach dem kargen Frühstück, vereinzelte Dehnübungen,

Abkleben von Blasen, Abdecken wunder Stellen mit allen möglichen Salben, Anbringen von Verbänden und Tapes, Abstellen des Gepäcks beim Truck, Aufstellung beim Start, Unterschreiben des Startprotokolls, morgendliches Ritual – alles längst zur Routine geworden. Nach einem kurzen „Go!", pünktlich um fünf Uhr, schluckt die Nacht uns Läufer.

Monotones Traben, Michi ist mit dem Rad vorausgefahren, er weiß, ich brauche an einem so kühlen Morgen wie diesen die ersten beiden Stunden nichts. Ich lasse meinen Gedanken freien Lauf.

Der Anruf von Stefan vergangenen Herbst: „Du, die haben es tatsächlich geschafft, der Transamerikalauf findet mit Sicherheit statt", meine spontane Anmeldung, die ersten Zweifel, ob ich dafür auch geeignet sei, das beinharte Training oft bis an den Rand der Erschöpfung, der frustrierende Kampf um meine Freistellung von der Schule, die von meinem „verständnisvollen" Direktor in höchst unschöner Weise fast vereitelt worden wäre, und schließlich die Suche nach Sponsoren und einem Begleitteam.

Das Team

Das hatte ich mir eigentlich viel einfacher vorgestellt, aber ich mußte erkennen, daß zwar die Verlockung, rund zehn Wochen bei freiem Flug und Aufenthalt quer durch die USA zu reisen, viele interessierte, aber die lange Dauer und die damit verbundene Arbeit die meisten doch veranlaßte, letztlich wieder abzusagen. Trotzdem schaffte ich es, daß wenige Wochen vor dem Abflug vier junge Leute, Ina, Heinz, Thomas und Michi, genauso wie ich dem großen Ereignis entgegenfieberten. Zusätzlich traf ich mit Stefan noch eine Übereinkunft, daß meine Mannschaft auch ihm zur Verfügung steht und er im Gegenzug einen Arzt als Begleiter mitnimmt. Diesen Mediziner hatte er quasi zur Hand in der Person von Oliver, cand. med. im letzten Ausbildungsjahr, der selbst ein guter Läufer ist und Stefan schon mehrere Male bei verschiedenen Ultraveranstaltungen betreut hatte, also einige Erfahrung auf diesem Gebiet mitbrachte. Als ich schließlich mit einer regionalen Tageszeitung, die sich bereit erklärte, ihrerseits über Geschäftspartner unsere Finanzierung zu gewährleisten, einen Generalsponsor gefunden zu haben glaubte, war ich sicher, daß eigentlich nichts mehr schiefge-

Das „Team Austria". Von links: Heinz, der Autor, Ina, Michi und Thomas

hen konnte. Jetzt lag es nur mehr an mir, das Beste aus der Sache zu machen, sprich: So gut und weit zu laufen, wie mich meine Beine tragen.

Glutrot erhebt sich die Sonne über den flachen Horizont, hoch am Himmel zieht ein Flugzeug unhörbar einen langen Kondensstreifen hinter sich her. Hoffentlich wird es heute nicht zu heiß. Ich versinke wieder in Gedanken, während meine Füße über den Asphalt traben.

Ein problemloser Flug hatte uns rund eine Woche vor dem Start von Wien über New York nach Los Angeles gebracht, nur Ina sollte aus Urlaubsgründen nachfolgen. Erste kleine Enttäuschung: Niemand von der Organisation holte uns ab, obwohl dies zugesagt worden war. So mußten wir uns selbst um ein Quartier bemühen, was mitten in der Nacht als Gruppe mit einem Haufen Gepäck gar nicht so einfach war. Schließlich fanden wir doch ein Motel in Huntington Beach, nicht weit entfernt, wo am Freitag, dem 19. Juni, das erste Treffen mit allen Läufern vereinbart war.

Die Tage waren mit emsigem Treiben erfüllt, tausend Dinge noch zu erledigen. Ich kam kaum zum Trainieren. Vor allem das ungelöste Problem eines Fahrzeuges für das Team beschäftigte uns alle.

So wunderschön jeder Sonnenaufgang in der Wüste war, er
verhieß jedesmal grausame Hitze

Die ersten Tiefschläge

Ein glücklicher Zufall hatte mir Ina beschert. Sie ist die Cousine von Jesse, kannte ihn aber bis dahin noch nicht persönlich. Von ihm erfuhr sie, daß ich mich zu diesem Rennen angemeldet hatte. Ina meldete sich daraufhin bei mir und bat darum, in das Team aufgenommen zu werden. Diesem Wunsch entsprach ich gern, zumal ich nicht ganz uneigennützig damit spekulierte, daß uns über Ina bei auftretenden Schwierigkeiten der kurze Draht zur Rennleitung sicherlich helfen könnte. Alle unsere Bemühungen, mit der Rennleitung in Verbindung zu treten, schlugen vorerst fehl. Egal, welche der angegebenen Rufnummern wir wählten, entweder war niemand zu erreichen oder unsere Nachrichten, auf Anrufbeantworter gesprochen, wurden ignoriert. Durch Zufall erfuhren wir, wo Barry abgestiegen war; ihm stattete ich einen Besuch ab. Dort erfuhr ich auch zu unserem Schrecken, daß die Zusage Jesses für ein Begleitfahrzeug, die er Ina telefonisch nach Wien mitgeteilt hatte, zurückgezogen worden war, wir uns also selbst um ein Auto zu kümmern hatten. Irgendwie schafften wir auch diese Hürde, und

Ein erstes Gruppenfoto nach der Pressekonferenz in Huntington Beach. In der Mitte vorn Dave, der spätere Sieger, mit seiner Frau Kelly

als wir Ina am Donnerstag abend vom Flughafen abholten, schien die Welt für uns wieder in Ordnung zu sein.

„Brauchst du etwas zum Essen oder Trinken?" Jesse, unser Renndirektor, der die Strecke immer mit dem Rad abfuhr, meist aber an der Spitze zu finden war, schreckt mich aus meinen Gedanken. Ich verneine, er murmelt ein „dann bis später", gibt seinem Mountainbike die Sporen, und ich versinke wieder in Gedanken.

Vor allem Ina war mit ziemlichen Erwartungen zur Pressekonferenz gegangen, wollte sie doch endlich ihren Cousin kennenlernen. Als der sie jedoch nach einer kurzen Umarmung gleich wieder stehenließ, war ihre Enttäuschung unübersehbar.

Ein erstes Bekanntmachen der Läufer, gemeinsame Fotos, erste Gespräche untereinander am kleinen Buffet, ein paar Aufnahmen eines regionalen Fernsehteams, erste Interviews mit einigen Läufern und ein erster medizinischer Check von einem dreiköpfigen Ärzteteam. Blut- und Harnproben auf freiwilliger Basis, dann noch die Mitteilung „Start morgen vermutlich etwas später, damit das Fernsehen genügend Licht hat", ein paar Blätter mit Informationen wurden verteilt, und schon zerstreute sich die Menge in alle Richtungen.

On your marks!

Tapp, tapp, tapp ... ich schaue auf die Uhr, es ist schon fast sieben, der Himmel hat sich überzogen, meine Sorge wegen eventueller Hitze scheint unbegründet. Doch die Etappe ist lang, an die 100 Kilometer sind es, ein langer Tag liegt noch vor mir, und schon ein paarmal ist es uns passiert, daß das Wetter gleich mehrere Male während eines Tages umschlug.
Von einem Parkplatz eine Stimme: „Ihr seid schon tolle Burschen, ich könnte das nie, viel Glück weiterhin."

Ja, es war in der Tat eine tolle Sache, als 28 Läufer, teils solo, teils mit Einzelbegleitern oder einem ganzen Team, sich am Morgen des 20. Juni 1992, einem Samstag, am Strand von Huntington Beach, südlich von Los Angeles, genau dort, wo auch das Radrennen „Race across America" gestartet worden war, mit Jubelrufen in Bewegung setzten, um die fast

5000 Kilometer lange Strecke bis New York in Angriff zu nehmen.

Emsiges Treiben herrschte am Strand. Runner's World verteilte T-Shirts, Bildreporter versuchten von allen Läufern möglichst viele Aufnahmen zu schießen, das Fernsehen baute Kameras auf, erste Szenen wurden bei künstlichem Licht gedreht – ein Treiben wie auf dem Jahrmarkt. Irgendwie schaffte es dann die Rennleitung doch noch, alle hinter die Startlinie zu bekommen, die nun 64 Tage das gleiche Aussehen haben sollte: zwei Leitern mit Sandsäcken beschwert und dazwischen ein Banner mit der Aufschrift „Runner's World Trans America Footrace".

Um 5 Uhr hätte laut Programm der Start sein sollen, um 6 Uhr 04 war es dann soweit, daß Renndirektor Jesse zum erstenmal sein „On your marks!" erschallen ließ, dem Sekunden später das „Go" folgte – das erste transkontinentale Rennen, 63 Jahre nach dem letzten „Bunion"-Derby, hatte begonnen.

Plötzlich mußte ich lächeln. Ich war die ersten 100 Meter dem Feld davongesprintet und später von Stefan gefragt worden, ob ich denn den Verstand verloren hätte. „Nein, ich

Der Start zum 1. Transamerikalauf in Huntington Beach, südlich von Los Angeles (Foto: Barry Lewis)

17

wollte ganz einfach ein einziges Mal in diesem Rennen in Führung gehen", war damals meine Antwort, und wir hatten beide herzlich gelacht.

Es hat leicht zu regnen begonnen, mich fröstelt, wo bleibt denn nur Michi? Immer wenn ich ihn brauche, ist er bei irgend jemand anderem. Halt, sei nicht ungerecht, der Junge mit seinen 22 Jahren ist schon in Ordnung. Ich könnte das nicht, 64 Tage auf dem Rad neben ein paar Verrückten fast immer im Schrittempo einherzufahren. Es ist jeden Tag das gleiche, jede kleinste Kleinigkeit stört dich, je länger die Etappe dauert. Der Regen kotzt dich an, die Hitze paßt dir nicht, die Kälte lähmt dich. Gibt es eigentlich noch irgend etwas, das dir nicht auf die Nerven geht? Gedanken dieser Art plagen uns Tag für Tag, und jeder muß sein eigenes Rezept finden, damit fertig zu werden.

„Dieses Rennen spielt sich zum größten Teil im Kopf ab", hatte mir Helmut einmal gesagt. Wie recht er doch hat. Wer es nicht schafft, sich mit sich selbst so zu beschäftigen, daß das Laufen quasi zur Nebensache wird, der dreht spätestens in den eintönigen, unendlichen Weiten des Mittelwestens durch, wenn du bereits angeschlagen bist und dich dein Körper immer öfter und drängender zu fragen beginnt: warum?

Wie selbstverständlich taucht Michael auf, reicht mir die Wärmejacke, fragt knapp: „Trinken?" Ich nicke, er gibt mir die Flasche, ich verlange Handschuhe, Kappe, verfluche den Regen, murmle ein „Entschuldige", er schaut mich fragend an, weiß natürlich nichts von meinen Gedanken, zuckt schließlich mit den Schultern und zieht die Kapuze seiner Regenjacke tiefer ins Gesicht.

Tapp, tapp, tapp ... noch fast 80 Kilometer, das wird noch ein langer, langer Tag.

In der Wüste ist alles anders

Man sagt, wer einmal die Wüste erlebte, den zieht sie so in ihren Bann, daß er nie mehr von ihr loskommt. Ich weiß nicht, inwieweit das stimmt, aber daß die Wüste etwas Faszinierendes darstellt, hatte ich bereits viele Jahre zuvor auf meinen zahlreichen Reisen vor allem nach Südwest- und Südasien feststellen können. Nie im Leben hätte ich mir träumen lassen, daß man in solch einer Umgebung bei derartigen Temperaturen auch laufen könnte, und jetzt war ich selbst schon tagelang in der Mojave-Wüste unterwegs. Wie grausam die Wüste, wie menschenfeindlich sie bei aller landschaftlichen Faszination ist, das hatten wir alle inzwischen am eigenen Leib zum Teil sehr schmerzhaft erfahren müssen.

Handtellergroße, bis aufs Fleisch gehende Blasen, geschwollene Gelenke, aufgesprungene Lippen, die immer wieder aufplatzen, Sonnenbrände, Wundscheuerungen unter den Achseln, am Gesäß und im Schritt zwangen bei Temperaturen bis 48 Grad Celsius im Schatten – den es nur leider nicht gab – einen Teilnehmer nach dem anderen, seine Träume vom erfolgreichen Finish in New York schon hier zu begraben.

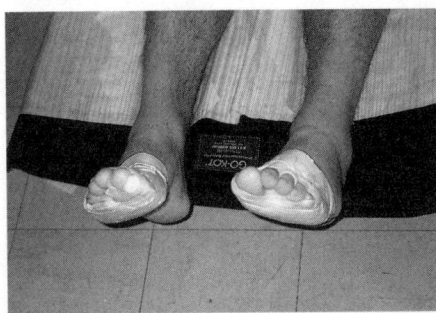

Blasen und geschwollene Gelenke waren bezeichnend für viele schon in den ersten Etappen

In der Wüste ist alles anders. Nicht wie zu Hause im Sommer mit Netzleibchen und kurzer Hose wird gelaufen, hier sind Schirmkappe mit Nackenschutz, dunkle Brille, langärmeliges Leibchen, Tights und Handschuhe gefragt. Dabei ist sicher das größte Problem die geringe Luftfeuchtigkeit. Du hast nie das Gefühl zu schwitzen, aber wehe, du vergißt einmal zu trinken. Im Durchschnitt nimmst du etwa einen Liter Flüssigkeit auf vier bis fünf Kilometer zu dir, das macht dann auf der gesamten Etappe an die 16 bis 20 Liter. Doch selbst dann zeigst du noch Spuren von Dehydrierung im Ziel, du fühlst dich schlapp und schwindlig, kriegst trotz 40 Grad oder mehr eine Gänsehaut und meinst, eine ganze Badewanne in einem Zug leeren zu können. Wie trocken die Luft in der Wüste ist, geht am besten aus der Tatsache hervor, daß wir Läufer, wo immer es möglich war, unsere Kleidung vollständig durchnäßten, nach knapp 10 Minuten aber wieder staubtrocken waren.

19

Morgenstimmung in der Mojave-Wüste

John Wallis (Nr. 8) und Peter in typischer Wüstenkleidung

Nur 10 Minuten nach einer solchen Dusche waren unsere Kleider in der sengenden Sonne Kaliforniens wieder staubtrocken

Die meisten Läufer schnitten zudem ihre Laufschuhe vorn auf, um so mehr Luft an die Füße zu bekommen, eine Maßnahme, mit der ich mich jedoch nicht anfreunden konnte. Ich schwor darauf, meine Füße vor und nach jeder Etappe sorgfältig mit Hirschtalg zu behandeln, und darf mit berechtigtem Stolz sagen, daß ich der einzige im gesamten Läuferfeld war, der nie auch nur die kleinste Blase erlitt.

Die Schuhe sind die Achillesferse eines jeden Läufers. Wenn sie nicht hundertprozentig passen, sind mit der Zeit zum Teil irreparable Schäden des Bewegungsapparates die Folge. Deshalb wechselt vor allem ein Ultraläufer seine Laufschuhe sehr häufig, auch wenn er dabei nicht die Marke wechselt. Die Beanspruchung der Schuhe war in der Wüste durch den heißen Asphalt besonders groß. Immer wieder sah ich den einen oder anderen mit seinen Laufschuhen irgendwo sitzen und sie pflegen oder reparieren. Sohlen lösten sich,

Mancher Läufer trug seine Schuhe so lange, bis sie ihm fast von den Füßen fielen. Zur besseren Luftzirkulation schnitten viele Löcher in das Oberteil

Nähte platzten auf, das Kunststoffmaterial wurde brüchig, und vor allem der Abrieb an den Sohlen war wesentlich stärker, als wir es von zu Hause gewohnt sind. Im Durchschnitt verschliß ein Läufer in diesem Rennen zwischen fünf und sechs Paar Schuhe. Ich selbst verwendete das Modell Huarache von Nike, verbrauchte zwei Paare komplett und trug nur dann ein anderes Modell, wenn die Beschaffenheit der Strecke – etwa Schotter anstelle von Asphalt – es erforderte.

Zwei Weltklasseläufer mit Stil: Echo stets topmodisch geklei-
det und Al, der selten auf seine Krawatte verzichtete (Foto:
Barry Lewis)

Auf dem Highway 66

Ich hatte mich nach der Pressekonferenz am Tag vor dem Start zurückgezogen und wollte in Ruhe die Streckenbeschreibung sowie die Kurzsteckbriefe der Teilnehmer studieren, zumal ich ja außer Stefan, den ich 1991 beim Swiss Marathon, einem Siebentagerennen über 310 Kilometer von Genf nach Basel über das gesamte Juragebirge, getroffen hatte, niemanden kannte und daher neugierig war, was denn die anderen so bisher gelaufen waren. Ich hätte es lieber bleibenlassen sollen. Da wimmelte es nur so von Welt-, Europa- und anderen Rekorden, daß mir fast schwindlig wurde und ich mich allen Ernstes fragte, was um Gottes willen hast du denn da verloren? Sicher, ich habe auch schon über 60 Marathons in den Beinen, aber der Swiss Marathon war mein bisher einziges Mehrtagerennen, und das nahm sich denn doch recht kümmerlich neben all diesen 100-Kilometer-, 24-Stunden-, 6-Tage-, 1000-Meilen- und ähnlichen Rennen praktisch aller anderen aus. Nur Celine machte da eine Ausnahme, aber sie hatte ja von vornherein erklärt, täglich nur 15 bis 25 Kilometer laufen zu wollen.

Schon die erste Etappe von Huntington Beach nach Cucamonga mit 80 Kilometern war länger als jede Strecke, die ich bisher in einem Stück gelaufen war. Dementsprechend vorsichtig begann ich auch, ließ mich nach meinem Startsprint bald zurückfallen und kam schließlich als 16. nach knapp 10 Stunden und 52 Minuten ohne Probleme ins Ziel. Das Rennen war so aufgebaut, daß eine Durchschnittsgeschwindigkeit von 5,6 km/h eingehalten werden mußte, um in der Sollzeit, der sogenannten „Cutoff time", zu bleiben. Dieses Mindesttempo wurde für das gesamte Rennen beibehalten. Man ist versucht, daraus abzuleiten, daß dieses Tempo eigentlich ein Kinderspiel sein müßte. Aber stellen Sie sich einmal vor, Sie müßten 64 Tage lang, ohne einen einzigen Ruhetag, bei jedem Wetter, Tag für Tag, eine Strecke von 50 bis 100 Kilometer zurücklegen. Dann schaut die Sache schon anders aus, zumal Sie auch unweigerlich dazwischen Pausen einlegen müssen. Zusätzlich sollte dieses Tempo auch dafür sorgen, daß doch möglichst viele Teilnehmer rein von der Laufgeschwindigkeit her keine Probleme bekommen sollten. Gewinner würde ohnedies sein, wer die insgesamt kürzeste Zeit aufzuweisen hatte.

Auch die gewählte Route war kein Zufall. War der Start in Huntington Beach eine Art Verneigung vor dem bekannten

Radrennen quer durch die USA, so führten einige Teilstrek-
ken bewußt über historischen Boden. Auf den ersten vier
Etappen folgten wir größtenteils dem historischen Highway 66, bis dieser nach Amboy weiter nach Osten zieht,
während wir uns nördlich Richtung Nevada und Utah wand-
ten. Dort folgen wir einige Tage jenem historischen Pfad, der,
von den Spaniern angelegt, vor mehr als 200 Jahren Los
Angeles mit Santa Fe verband, und in Kansas ist es ein Teil
des Pony Express Highways, der heute noch an die bewegten Zeiten der berühmten Ponyreiter, der Wells-Fargo-Post-
kutschen und vor allem der Indianerüberfälle erinnert. Der
Highway 66 war die erste durchgehende Autostraßenver-
bindung von Chicago nach Los Angeles, durchquerte elf
Bundesstaaten, wurde 1926 eröffnet, erhielt die Nummer 66
und wurde heuer 66 Jahre alt. Grund genug, daß sich ein Ver-
ein bildete, der diese teilweise von den modernen Interstate
Freeways überdeckte, teilweise auch vom Wüstensand zuge-
deckte Fernstraße wieder beleben will. Deshalb wurde allerorts entlang dieser „Motherroad of America" gefeiert. Auch
wir sollten davon profitieren.

*1992 war das
Jubeljahr für den
Highway 66, der in
diesem Jahr 66
Jahre alt wurde.
Überall entlang der
Strecke wurde
ausgiebigst gefeiert
(Foto: Barry Lewis)*

Noch ist alles so unwirklich, so faszinierend, daß ich es
kaum fassen kann. Es sind die vielen kleinen Aufmerksam-
keiten, die uns auf den ersten Etappen von der Bevölkerung
entgegengebracht werden, die uns unwahrscheinlich helfen,
die ersten Schmerzen und Unzulänglichkeiten locker wegzu-
stecken. Viel dringender hätten die meisten von uns diese
Wochen später benötigt, aber der Osten der USA mit seinem
fleischgewordenen „Time is money"-Denken hat in dieser
Beziehung nur sehr wenig für uns übrig.

Der Autor mit Kim, der Playboy Miss March 1986, vor dem Bagdad Café in Newberry Springs

Wir benutzen am ersten Tag anfangs einen Radweg, und immer wieder kommen uns ganze Gruppen von Radfahrern entgegen, die uns viel Glück und Erfolg wünschen – das tut unwahrscheinlich gut. „Wir sind in Gedanken bei euch", schallt es uns nicht nur einmal entgegen. Aber auch das Gegenteil erleben wir: „Was ist denn das heute für ein fun run?" fragte mich ein Autofahrer aus dem offenen Fenster seines klimatisierten Cadillacs und war dann ganz entsetzt, als er von mir aufgeklärt wurde.

Volksfeststimmung erwartete uns inmitten der vierten Etappe, als wir nach Newberry Springs, dem Herz des San Bernardino Countys, kamen. Und in der Tat, dieses Wüstennest kann mit einigen Highlights aufwarten: Da ist einmal das Bagdad Café, Schauplatz des gleichnamigen Films (deutscher Titel: Out of Rosenheim), der hier in den achtziger Jahren unter anderem mit den beiden deutschen Filmstars Marianne Sägebrecht und Christine Kaufmann gedreht wurde; dann ist es das Zuhause von Kim, der Miss March aus dem Playboy

28

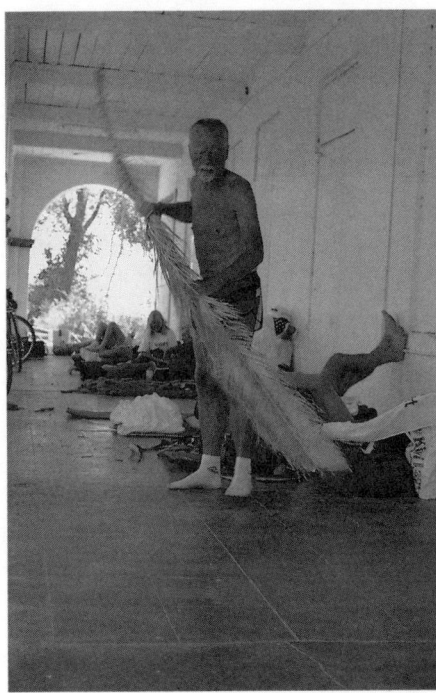

Mit deutscher Gründlichkeit fegt Helmut seinen Schlafplatz von den zahlreichen Kakerlaken frei, den einzigen Bewohnern des Bahndepots von Kelso

1986 – von ihr erhielt ich Küßchen und ein rotes Halstuch, ihr Heim ziert dafür ein österreichischer Wimpel. Und dann ist da noch jede Menge starker Sprüche, die zeigen, daß man auch in der Wüste seinen Humor nicht verlieren muß: Bei uns gibt es keine Verbrechen, weil wir keine Polizeistation haben. Geld ist unbekannt, es existiert ja auch keine Bank. Kranke können wir uns nicht leisten, weil wir kein Spital besitzen, und Tote schon gar nicht, wir haben ja nicht einmal einen Friedhof.

Aber dieses Newberry Springs sollte uns aus einem ganz anderen Grund in Erinnerung bleiben. Unser Etappenziel zwei Tage später war ein aufgelassenes Bahndepot in Kelso, einer halben Geisterstadt, in der es weder ein Geschäft noch ein Lokal gab. Als sich schon jeder Sorgen machte, daß es nichts zu essen gäbe, tauchte plötzlich in der flirrenden Hitze am Horizont eine Wagenkolonne auf. Die Leute vom Bagdad Café waren uns nachgefahren und bauten für uns ein Buffet auf, daß mancher vergaß, seinen Mund zu schließen.

29

Ein riesiger Grill wurde in Gang gesetzt, auf dem bald über-
dimensionale Buffalo Burgers – die Spezialität des Hauses –
brutzelten. Dazu Salate aller Art, Bier, Eiscreme – einfach alles. Als sich dann herausstellte, daß dieses Schlaraffenland
noch dazu kostenlos für alle war, da kannte der Jubel natürlich keine Grenzen, zumal man uns anderntags auch noch
ein opulentes Frühstück, ebenfalls zum Nulltarif, servierte.
Dies konnte jedoch nicht darüber hinwegtäuschen, daß die
Wüste sich bereits ihre Opfer geholt hatte. Nach der ersten

*Ed – in der vierten
Etappe wollte er
aufgeben, am Ende
wurde er Gesamt-
sechster*

Etappe erreichten Carol, Leon, Kim und Bruno das Ziel nicht
in der vorgeschriebenen Zeit, bei der zweiten Etappe erwischte es Billye, und auch die dritte Etappe hatte ihren
Tribut gefordert: Dales Fußsohlen waren eine einzige riesige
Blase – das Aus für ihn. Dazu hatte Marv aus familiären
Gründen nach der ersten Etappe das Rennen verlassen müssen. Aber auch andere waren schon gezeichnet: Milan hatte
sich überknöchelt und schleppte sich nur unter großen
Schmerzen mit einem Tapeverband weiter, John Wallis hatte Brandblasen auf beiden Handrücken, etliche plagten
bereits Blasen, darunter vor allem die Spitzenläufer wie Al,
Echo und Helmut. Aber ein Mann war zum Helden dieser
Etappe avanciert – Ed. Mit Muskelkrämpfen und Anzeichen
einer starken Dehydrierung hatte er bereits aufgegeben, war
im Auto der Ärzte unterwegs, erholte sich nach einer langen
Ruhepause mit Labung und Massage in Newberry Springs
aber wieder, ließ sich dorthin zurückfahren, wo er eingestie-
gen war, nahm das Rennen wieder auf und beendete diese
Etappe schließlich sogar als dreizehnter – eine Gewaltlei-
stung.

Endstation Las Vegas

Nicht alles war bisher unbedingt erfreulich abgelaufen. Schon die erste Etappe war um einige Kilometer verlängert worden, weil mit dem vorgesehenen Quartier etwas schiefgelaufen war, und das Soldatenveteranenheim von Cucamonga war schlicht primitiv. Aber da es erst der erste Tag war, nahm man eben die Tatsache, daß die Dusche aus einem Schlauch mit kaltem Wasser bestand, noch gelassen hin, irgendwie gehörte das fast zu diesem Abenteuerrennen. Bestimmt war es nur die Ausnahme, so dachten wir damals zumindest. Mehr machte uns betroffen, daß schon nach den beiden ersten Etappen bis auf vier Stück alle Gatorade Kühlbehälter von Unbekannten gestohlen worden waren. Damit war zumindest die Versorgung der Läufer mit Getränken entlang der Strecke nicht gefährdet, anstelle der Kühlbehälter traten einfache Plastikflaschen, aber es gab nun keine kühlen Getränke mehr, und das war mehr als fatal. In der bruta-

Eine typische Labestelle am Rande der Mojave-Wüste

len Hitze erwärmten sich das Wasser und das isotonische Getränk natürlich sehr rasch und wurden ungenießbar. Wir haben in den Flaschen Flüssigkeitstemperaturen von 42 Grad gemessen. Das Wasser war so heiß, daß man es sich kaum mehr über die Kleidung zu schütten wagte, von Trinken konnte ohnedies keine Rede mehr sein. Ähnlich verhielt es sich mit den Energiebarren. Sie wurden in ihren Verpackungen fast flüssig und schmeckten derart grauslich, daß sie schließlich niemand mehr anrührte. Einziger Ausweg aus dieser Misere war, daß die Begleitfahrzeuge so oft wie möglich vor- oder zurückfuhren, um aus der nächsten Ortschaft Eis zu besorgen, das es in den Staaten Gott sei Dank überall problemlos gibt. Das ging natürlich zu Lasten der Privatkasse der einzelnen Teilnehmer. Und weil einige Läufer dies schamlos ausnutzten und nicht einmal im Traum daran dachten, ihren finanziellen Beitrag zu leisten, entstanden auch die ersten Spannungen unter den Läufern, als die Gratisgenießer zunehmend weniger versorgt wurden. Schließlich wurde von den Läufern ein sogenannter Food Fund ins Leben gerufen, in den alle, die keine Crew hatten, in gewissen Abständen einen Beitrag einzahlten und daraus auch versorgt wurden.

Um sich auf den einzelnen Etappen nicht zu verirren, erhielten wir am Start stets ein sogenanntes „Turn sheet", auf dem der genaue Verlauf inklusive aller Abzweigungen (extra eingerahmt), die Labestationen wie auch die Entfernungen angegeben waren. Zusätzlich wurde die Strecke bei allen verwirrenden Richtungsänderungen mit weißen Pfeilen aus Mehl – eine Vorschrift der Behörden, da die Pfeile nicht dauerhaft sein durften – markiert. Daß später sogar Gatoradepulver dazu verwendet wurde, weil es ohnedies niemand mehr trank, sei nur am Rande erwähnt. Diese Turn sheets waren natürlich in englischer Sprache abgefaßt, und damit hatte Serge seine liebe Not. Als typischer Franzose sprach er natürlich kein Englisch und weigerte sich beharrlich, auch nur die einfachsten Wörter zu lernen. Dabei hätte „left" und „right" genügt, denn wie gesagt, die Richtungsänderungen waren umrahmt hervorgehoben, und andere Abzweigungen als nach links oder rechts gab es ohnedies nicht. Prompt verirrte er sich schon am ersten Tag, erreichte zwar problemlos innerhalb der Sollzeit das Ziel, aber von da an schimpfte er auf alles und jedes, was mit der Organisation zusammenhing. Daran änderte sich auch bis zum Ziel in New York nichts mehr.

Gewinner der ersten Etappe war Helmut, zeitgleich mit

Montag 20.07.

STAGE 31 — ST. FRANCIS TO ATWOOD

START — ST. FRANCIS HIGH SCHOOL (ON COLLEGE ST.)

0.45	LEFT TURN ONTO HWY 36
2.5	AID STATION #1
4.5	SIGN — "ATWOOD ↑/←. WHEELER/GOODLAND →"
4.65	SIGN — "BIRD CITY 9/ATWOOD 36"
5.0	AID STATION # 2
7.5	AID STATION #3
10.0	AID STATION #4
12.5	AID STATION #5
13.2	SIGN — "BIRD CITY CITY LIMIT"
13.35	SIGN — "ATWOOD ↑"
13.8	ROAD BENDS AROUND GRAIN SILO
14.6	SIGN — "McDONALD 9/ATWOOD 28."
15.0	AID STATION #6
17.5	AID STATION #7
20.0	AID STATION #8
20.5	SIGN — "RAWLINS COUNTY LINE"
21.95	BILLBOARD — "WELCOME — McDONALD, KANSAS"
22.5	CONOCO ON RIGHT
22.6	REST AREA ON LEFT — AID STATION HERE (#9)
25.0	AID STATION #10
27.5	AID STATION #11
30.0	AID STATION #12
30.3	SIGN — "← BEARDSLEY 2"
32.5	AID STATION #13
35.0	AID STATION #14
37.5	AID STATION #15
39.4	SIGN — "ATWOOD, KANSAS — WHERE PEOPLE CARE"
39.65	SIGN — "ATWOOD CITY LIMIT"
39.8	BRIDGE OVER SOUTH FORK BEAVER RIVER
40.0	RIGHT TURN ONTO ROUTE 25
	— SIGN — "WELCOME TO ATWOOD" ON FAR RIGHT
	CORNER BEFORE TURN
40.35	LEFT TURN AT RED AND WHITE WINDMILL
	(ONTO MAIN ST — NO STREET SIGN HERE)
	— CAN SEE HIGH SCHOOL ON FAR END OF STREET
	AT TOP OF HILL
40.85	LEFT TURN ONTO 8TH ST. (IN FRONT OF HIGH SCHOOL)
	THEN IMMEDIATE RIGHT TURN INTO H.S. PARKING LOT
40.9	FINISH AT ATWOOD HIGH SCHOOL

11 HOUR
41 MINUTE
CUTOFF

65,302 km

Turnsheet: So sah ein Streckenbeschreibungsblatt aus

33

Echo in knapp siebeneinhalb Stunden. Helmut erhielt vor dem Start am nächsten Morgen eine gelbe Startnummer mit der Eins und verteidigte diese auch in der zweiten Etappe, ehe Al von der dritten an die Gesamtführung mit lächerlichen 38 Sekunden übernahm. Noch zwei weitere Etappen lieferte Helmut dem großen Al einen Kampf auf Biegen und Brechen, dann hatte er von der Tempobolzerei an der Spitze genug und ließ sich vernünftigerweise zurückfallen, während Al mit immer ernster werdenden Problemen durch großflächige und tiefe Blasen an beiden Fußsohlen zu kämpfen hatte.

Der Bürgermeister von Barstow überraschte uns mit einer riesigen Anzeigetafel vor der dortigen High School: „Welcome Transamerica 92, World Class Runners" und erklärte den 22. Juni, unseren Ankunftstag, schlicht zum Transamerikatag für seine Stadt. Ich hatte von zu Hause nur eine dünne Liegematte mitgebracht und die ersten Nächte darauf ziemlich schlecht geschlafen. Bei einigen anderen Läufern hatte ich etwas dickere, genoppte Schaumstoffmatten entdeckt und dachte, so etwas wäre ohne Schwierigkeiten zu beschaffen. Leider war das ein Trugschluß. Da fragte Heinz ganz ungeniert den Herrn Bürgermeister, und tatsächlich – eine knappe halbe Stunde später war ich im Besitz der begehrten Matte. Man hatte kurzerhand eine im örtlichen Spital requiriert.

Ausgerechnet während der fünften Etappe von Ludlow nach Amboy, mit 45 Kilometern die kürzeste aller Strecken, bekam ich erste Probleme mit den Sehnen am Rist meines linken Fußes. Das war mir nichts Unbekanntes und beunruhigte mich auch nicht weiter. Trotzdem ließ ich mich gleich im Ziel behandeln, und tags darauf verspürte ich auch kaum noch Schmerzen.

Barstow empfing uns mit diesem Willkommensgruß. Der Bürgermeister erklärte den Tag zum „Transamerikatag" für seine Stadt

Al (links) und Helmut, im Hintergrund der Autor und Echo beim Aufstieg zum Granite-Paß

In Amboy schien man offenbar mit uns keine Freude zu haben, denn kaum waren die meisten im Ziel und auf dem Weg ins einzige Restaurant im Ort, machte dieses dicht, und wir mußten über 20 Kilometer zur nächsten Raststätte fahren, wo der Besitzer eines winzigen mexikanischen Lokals dafür das Geschäft seines Lebens machte.

Eine der schönsten Wüstenetappen war zweifellos die von Amboy nach Kelso. Zwar ging es nicht weniger als 32 Kilometer ständig bergauf, bis wir auf rund 1200 m die Paßhöhe des Granite Passes erreichten, aber die etwas kühlere Luft und die traumhaft schöne Kulisse mit den Joshua-Bäumen, einer Kakteenart, entschädigten uns hinreichend für den langen mühseligen Anstieg. Mitten in der Wildnis am Paß steht mutterseelenallein das Postamt von Cima, geschlossen, halbverfallen, aber das Sternenbanner davor flatterte noch lustig im stürmischen Wind.

Getrübt wurde dieser Tag nur dadurch, daß ich plötzlich ziemliche Schmerzen, diesmal im rechten Bein, verspürte. Wahrscheinlich habe ich, um das linke Bein zu entlasten, unbewußt das rechte überbeansprucht.

Mit den Leuten vom Bagdad Café waren zusätzlich zwei weibliche Wesen mit einem Kind nach Kelso gekommen. Es stellte sich heraus, daß es sich um Bekannte von Jesse und Michael handelte, die als Helfer die nächsten sieben Tage bei uns bleiben würden. Sie nannten sich Thelma und Louise, beide Namen waren aber fiktiv und stammten aus dem gleichnamigen Film, der vor Jahren in dieser Gegend gedreht worden war. Als wären es der Überraschungen noch nicht genug gewesen, stellten wir fest, daß die Telefonzelle, die an einer Seite des Depots angebracht war, tatsächlich

35

Ein „Joshua-Tree", eine Kakteenart, die in größerer Menge nur in der Gegend des Granite-Passes vorkommt

funktionierte, und dementsprechend wurde sie auch belagert. Amerika scheint noch immer das Land der unbegrenzten Möglichkeiten zu sein. Und zu guter Letzt stellt sich am nächsten Morgen heraus, daß uns nicht ein einziger der oft zwei Kilometer langen, mit fünf Vorspannlokomotiven bestückten Zügen die Nachtruhe geraubt hatte, weil zufälligerweise die Eisenbahnergewerkschaft zum Streik aufgerufen hatte. Manchmal sind Gewerkschaften zu etwas nütze.

Tags darauf verließen wir Kalifornien. Unser Etappenziel war Stateline an der Grenze, aber schon in Nevada gelegen.

Das Postamt von Cima auf der Höhe des Granite-Passes mit Marty und dem Autor

Freilanddusche beim Bahnhofdepot in Kelso; das Wasser aus dem Schlauch war herrlich warm aufgeheizt von der Sonne. Im Bild Oliver, der Autor und Stefan (von links)

Dieses Stateline besteht lediglich aus zwei riesigen Casinokomplexen mit angeschlossenen Motels. Wir staunten nicht schlecht, als wir in einem davon, dem Primadonna, tatsächlich einquartiert wurden. Das war natürlich eine gelungene Überraschung, denn irgendein Scherzbold hatte schon von Camping auf dem ausgetrockneten Ivanpah See gesprochen, den wir die letzten 15 Kilometer – immer das Paradies vor Augen – in der größten Mittagshitze durchlaufen hatten. Der Zufall hatte mich mit Marvin auf dem See zusammengeführt. Er erzählte mir, daß er schon einmal, nämlich 1985, den Kontinent laufend durchquert hatte. Damals sei dies eine Art Einladungsrennen einer Gesellschaft zur Erforschung von Kinderkrankheiten gewesen, sein Gegner war der Brite Malcolm Campell. 86 Tage waren sie damals unterwegs auf einer ähnlichen Route, ebenfalls von Los Angeles nach New York, mit zahlreichen rennfreien Tagen dazwischen, an denen mit Fernsehauftritten versucht wurde, Geld für die gute Sache zu sammeln. Er habe das Rennen damals mit gerade 16 Minuten Vorsprung für sich entscheiden können, berichtete er nicht ohne Stolz.

Marvin und der Autor auf dem ausgetrockneten Seeboden des Ivanpah Lake. In der Ferne die Casinos von Stateline

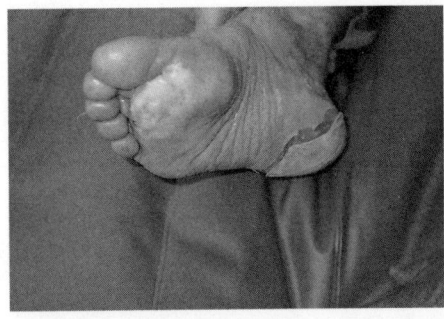

Al's rechter Fuß nach der vierten Etappe. Für ihn war das jedoch noch lange kein Grund aufzugeben

Für Al brauten sich immer mehr dunkle Wolken am Läuferhimmel zusammen. Seine Blasen hatten Ausmaße angenommen, die ein Weiterlaufen einfach nicht zuließen. Aber er gab sich noch immer kämpferisch und wollte von Aufgeben nichts wissen. Als er aber im Ziel in Las Vegas, Etappenort am nächsten Tag, kaum noch humpeln konnte, obwohl er die rund 60 Kilometer von Stateline hierher noch als Fünfter hatte beenden können, da wußte wohl auch er, wieviel es geschlagen hatte. Da er sowohl den beiden Medizinstudenten, die uns bis hierher begleitet hatten – die drei Ärzte, welche die Untersuchungen vor dem Start vorgenommen hatten, mußten uns bereits nach dem zweiten Tag verlassen –, als auch Oliver keinen Glauben schenkte, wurde schließlich ein ansässiger Arzt geholt, der Al klipp und klar erklärte, wenn er weitermache, würde er riskieren, nie mehr richtig laufen zu können. Das genügte dann auch dem eisernen Al, und er verzichtete am darauffolgenden Morgen auf den Start. Das Rennen hatte seine erste große Sensation.

Meine Schicksalsetappe

Trotz aller Behandlung waren meine Schmerzen im rechten Fuß nicht abgeklungen, und allmählich machte ich mir doch Sorgen. Wir machten Salbenverbände, arbeiteten mit Lymphdrainagen und legten einen Tapeverband an, aber die tägliche Belastung ließ offenbar keine Besserung zu. Ich versuchte fast nur mit dem linken Bein zu laufen und hatte gleichzeitig Angst, daß auch dieses dabei in Mitleidenschaft gezogen würde. Immer wieder mußte ich Gehpausen einlegen, wenn die Schmerzen zu groß wurden, hoffte aber nach

*Völlig erschöpft
von der brutalen
Hitze und den
Schmerzen im
rechten Fuß, muß-
te ich eine kurze
Rast unter dem
einzigen Baum
im Umkreis von
100 Kilometern
einlegen*

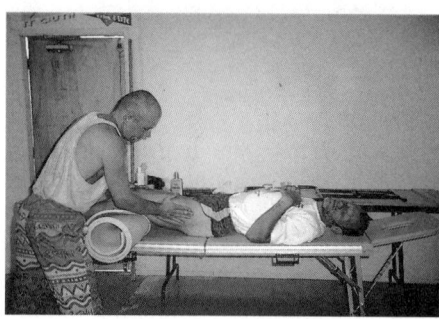

*Meist war ich am
Ziel so müde, daß
ich häufig schon
während der
Massage einschlief*

wie vor, diese Beeinträchtigung überwinden zu können, denn was hatte mir Helmut in einem Gespräch erklärt?

„Deine Sehnen werden schmerzen, die Knöchel anschwellen, deine Knie dick werden, da mußt du einfach durch. Wenn du das schaffst, dann hast du es hinter dir, dann läufst du, wenn es sein muß, bis ans Ende der Welt."

Das hämmerte ich mir ein. Ich wollte meine Haut so teuer wie möglich verkaufen. Andererseits war mir natürlich klar, daß der Mensch keine Maschine ist und es Grenzen gäbe, die ein weiteres Laufen einfach unmöglich machten. Also biß ich die Zähne zusammen und hatte nur eines im Sinn: das Ziel der Etappe innerhalb der Sollzeit zu erreichen.

In Las Vegas wurden wir nochmals in einem Casino, dem Vacation Village am Westrand der Stadt, einquartiert, diesmal sogar mit Tickets für freies Essen ausgestattet. Wir durften uns nochmals so richtig verwöhnen lassen, zumal die nächste Etappe mit rund 90 km doch ziemlich anstrengend zu werden versprach.

Las Vegas bei Nacht

Leider konnten die Zimmer erst nach 18 Uhr bezogen werden, da am Wochenende – unsere Ankunft war auf einen Samstag gefallen – in Las Vegas natürlich die Hölle los ist und man mit dem Reinigen der Zimmer nicht früher fertig wurde. Nachdem man mich ausgiebigst behandelt hatte, begab ich mich nach dem Abendessen sogleich zur Ruhe, während Ina, Heinz, Thomas und Michi noch einen Streifzug durch das nächtliche Las Vegas unternahmen. Einst auf dem Reißbrett mitten in der Wüste entstanden, hat die Stadt heute über 700 000 Einwohner und ist ein einziges unendliches Vergnügungsviertel. Casino reiht sich an Casino, Namen wie Ceasar's Palace, Excalibur, Sands, Desert Inn, Golden Nugget, und wie sie alle heißen, sind heute beinahe schon jedem Kind auch in Europa geläufig, sei es von den Auftritten der berühmten Showstars wie Frank Sinatra, Liza Minelli, Michael Jackson, Tina Turner usw. oder den Übertragungen millionenschwerer Weltmeisterschaftskämpfe im Boxen oder den unglaublichen Gewinnen oder Verlusten einzelner Spieler bei Roulette, Baccara, Black Jack oder den einarmigen Banditen. Nicht zu vergessen Las Vegas als Heiratsparadies. Einen Weltrekord hält derzeit ein Pärchen, das getraut und 17 Minuten später wieder geschieden wurde. In Las Vegas gibt es eben nichts, was es nicht gibt. Spieler bestellen Zimmer, checken an der Rezeption ein, beginnen zu gamblen

41

und verlassen zwei Tage später das Casino, ohne ihr Zimmer auch nur betreten zu haben. Luxuriöse Zimmer für weniger als $ 20,-, Buffets „All you can eat" für $ 4,99 mit den erlesensten kulinarischen Köstlichkeiten sind Selbstverständlichkeiten. Der einkalkulierte Verlust wird im wahrsten Sinne des Wortes „spielend" an den Tausenden Spieltischen hereingebracht. Hauptsache der Gast bleibt bei Laune, bis er nicht selten Haus und Hof verspielt hat.

Der nächste Morgen begann nicht gerade verheißungsvoll. Nach einer schlecht verbrachten Nacht wegen der Schmerzen im rechten Bein fühlte ich obendrein ein flaues Gefühl im Magen, das sich auch nicht besserte, als ich gefrühstückt hatte. Während des Frühstücks begann auf einmal der Boden zu schwanken wie bei einem Schiff auf hoher See. Das Geschirr klirrte, die Lampen flackerten, atemlose Stille trat ein – ein heftiges Erdbeben erschütterte Las Vegas. Das Personal zeigte eiserne Disziplin, beruhigte manchen entsetzten Spieler, und als kein weiterer Erdstoß folgte, kehrte bald die normale Betriebsamkeit wieder ein; das Rasseln der Spielautomaten erfüllte den trotz der frühen Stunde – es war gerade 4 Uhr 30 – ziemlich geschäftigen Saal.

Gleich nach dem Start litt ich unter heftigen Magenkrämpfen, die mich immer wieder zu Pausen zwangen und nicht besser zu werden schienen. Die rund 30 Kilometer auf dem Las Vegas Boulevard bis ans andere Ende der Stadt wollten kein Ende nehmen. Ich saß gerade wieder vor Schmerzen gekrümmt im Mannschaftswagen, als um 8 Uhr ein weiterer starker Erdstoß die Stadt heimsuchte. Die Straße unter dem Auto schaukelte hin und her, die Masten der Straßenbeleuchtung fingen an zu tanzen, es war wie in einem Science Fiction-Film. Mir war beim Vorbeilaufen am Ceasar's Palace aufgefallen, daß ungewöhnlich viele Menschen auf der Straße waren. Erst später haben wir erfahren, daß der Palast nach dem ersten Erdstoß geräumt worden war.

Die Magenbeschwerden besserten sich zunehmend, dafür bereitete mir der rechte Fuß immer mehr Sorgen. Trotz des Tapeverbandes konnte ich bald nicht mehr laufen und war schließlich auf halber Strecke um mehr als eineinhalb Stunden hinter der Sollzeit. Ich hatte nur die Wahl, entweder hier aufzugeben oder ohne Rücksicht auf meine Gesundheit weiterzumachen, zu versuchen, den Rückstand wettzumachen und dann auf das Wunder zu hoffen, am nächsten Morgen doch wieder an den Start gehen zu können. Zum ersten Mal in meinem Leben flüchtete ich in eine beinahe übertrieben große Dosis Schmerztabletten. Das half mir wenigstens

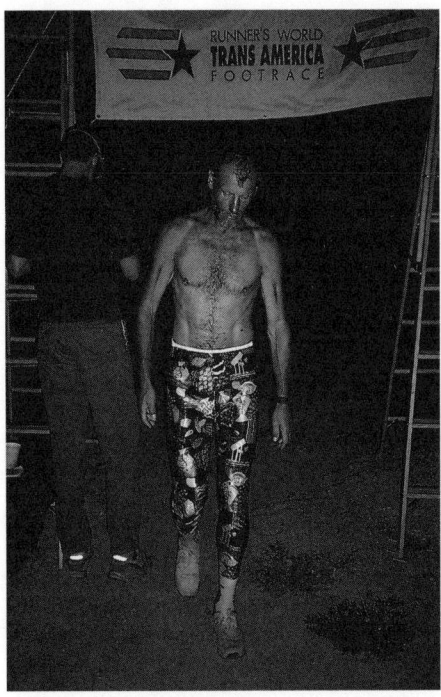

*Nach 15 Stunden
und 31 Minuten er-
reiche ich völlig
fertig und am Ende
meiner Kräfte gera-
de noch rechtzeitig
das Ziel in
Glendale/Moapa*

soweit, daß ich weiterhumpeln konnte, und ich schaffte es
tatsächlich. Nach 15 Stunden und 21 Minuten erreichte ich,
völlig erschöpft und am Ende aller meiner physischen und
psychischen Kräfte, gerade 20 Minuten vor der Cutoff Time
das Ziel in Glendale/Moapa. Die halbe Nacht bemühten sich
mein Team und Oliver um mein Bein, aber vergeblich. Nach
einer schlaflosen Nacht, die um 3 Uhr 30 mit einem weiteren
Erdbeben aufwartete, mußte ich am folgenden Morgen feststellen, daß mein rechter Fuß nur mehr ein formloser unbe-
weglicher Klumpen war – aus!

Ich wundere mich heute noch, wie emotionslos ich das damals hingenommen habe. Wahrscheinlich habe ich die Er-
kenntnis meiner – vorläufigen – Niederlage einfach verdrängt
und gar nicht wahrhaben wollen. Ich erinnere mich noch,
daß ich meinem Team, das versteinert um mich herumstand,
noch zurief: „Dann mach ich's heute eben im Handstand" –
Galgenhumor.

Schön langsam realisierte ich dann doch, was dieser Zustand bedeutete, aber ich wollte mich noch immer nicht ge-

schlagen geben. Ich probierte das größte Paar Schuhe, das ich mithatte, immerhin drei Nummern größer als normal – vergeblich. Erst die ersten Schritte in den Pantoffeln, in die ich mich zwängte, zeigten mir in aller Schonungslosigkeit, daß ein Start für mich nicht in Frage käme. Wunder geschehen eben doch nicht immer, wenn man sie ersehnt.

Betroffenheit aber auch bei den meisten der Läufer, als sie mich in diesem Zustand sahen, ehrliche Anteilnahme, die mir unwahrscheinlich guttat und mich in meinem Entschluß bestärkte, das Rennen wieder fortzusetzen, sobald es mein Zustand zuließ. Erleichterung auch beim Team, als ich mitteilte, daß Aufgeben für mich nicht in Frage käme.

Es folgte ein langes Gespräch mit Oliver über die weitere medizinische Vorgehensweise. Er meinte, so in fünf bis sechs Tagen könne ich bestimmt wieder vorsichtig beginnen, und dann würde man weitersehen.

Wie schwer dieser Wiedereinstieg dann letztlich war, konnte ich mir zu diesem Zeitpunkt noch nicht vorstellen. Laut Ausschreibung bestanden von Anfang an zwei Rennklassen, die Competitive und die Journey Runner Division. Die erste Klasse umfaßte alle Läufer, die versuchen wollten, die gesamte Strecke zu durchlaufen, und die zweite Klasse jene Teilnehmer, die nur einen Teil zurücklegen wollten.

Erschöpfung war unser täglicher Begleiter – unter den Arkaden des Bahndepots in Kelso

Natürlich hatten sich am Anfang bis auf Celine alle für die Competitive Division entschieden, da die Regeln besagten, daß ein Läufer, der durch Verletzung aus dieser Klasse ausscheiden mußte, jederzeit in der Journey Runner Division weiterlaufen darf. Für ihn galt dann nicht mehr die erzielte Zeit, sondern die von ihm zurückgelegten Kilometer wurden ihm gutgeschrieben. Da vor dem Rennen niemand mit Bestimmtheit sagen konnte, ob auch nur ein Läufer die gesamte Strecke schaffen würde, war diese Lösung absolut korrekt. Am Ende hätte dann derjenige gewonnen, der die meisten Meilen zurückgelegt hat.

Obwohl mit dem Ausscheiden aus der Competitive Division jeder Druck von einem genommen wurde, ging dabei doch auch viel Motivation verloren. Dies machte es praktisch allen Betroffenen unmöglich, wieder voll in das Rennen einzusteigen und ich darf schon ein wenig stolz sagen, daß ich der einzige war, dem dies gelungen ist. Jeden Morgen die gleiche Versuchung, nicht die gesamte Strecke zurückzulegen, zumal man am vorherigen Abend genauso kaputt wie alle anderen zu Bett gegangen war und genauso zerschlagen um 3 Uhr 30 aus dem besten Schlaf gerissen wurde. Für die in der Competitive Division Laufenden war es selbstverständliche Routine und Muß, ein Journey Runner benötigte dafür ungleich mehr Selbstüberwindung und eisernen Willen. Ich möchte mich weder zum tragischen Helden noch zum Heroen dieses Rennens stempeln, aber die Kämpfe, die ich an vielen Morgen mit meinem inneren Schweinehund auszutragen hatte, kann nur derjenige verstehen, der dieses Rennen miterlebt hat. Wäre mir nicht die ungeteilte Anerkennung der übrigen Läufer zuteil geworden, ich wäre wohl auch zum Touristen abgesackt.

Schon drei Tage später hielt ich es nicht mehr aus. Ich mußte es einfach wieder versuchen. Oliver und das Team waren entsetzt, mein Fuß alles andere als wiederhergestellt, aber diesmal schlug ich alle Ratschläge in den Wind. Am Start Applaus, Händeschütteln, Umarmungen – ich war zu Tränen gerührt. Etwa zehn Kilometer schaffte ich, dann war ich vor Schmerzen schweißgebadet und mußte ins Auto. Ich war so deprimiert und verzweifelt, daß ich nur noch weg wollte. Und als Ina dann mit einem Tuch sanft mein Gesicht abzuwischen begann, war es aus mit mir, ich heulte los wie ein Schuljunge.

Vielleicht brachte gerade das die Befreiung von allem Druck, den ich mir zum Großteil selbst auferlegt hatte. Jedenfalls schöpfte ich daraus wieder neuen Mut. 40 Kilome-

*Ein Indianerfried-
hof neben dem
Highway in Utah*

ter vor dem Ziel stieg ich zum Entsetzen meiner Leute wieder aus dem Wagen und machte mich auf den langen Weg
nach Beaver, unserer heutigen Station. Tags darauf schaffte
ich bereits 65 Kilometer. Von da an war ich wieder voll dabei.

In der Zwischenzeit hatten sich auch einige andere Dinge
ereignet. Völlig überraschend hatte Echo nach der zehnten
Etappe in Mesquite seine Koffer gepackt und war abgereist.
Es ist eigentlich nie so richtig herausgekommen, was der
eigentliche Grund war. Er war einer der Spitzenläufer und
bis zu seiner Heimfahrt immerhin auf dem vierten Gesamtrang gelegen. Zwar hatte er wie die meisten ebenfalls unter
ziemlichen Blasen zu leiden, aber seine waren nicht so dramatisch, daß er deswegen hätte aufgeben müssen. Einige
meinten, er habe Angst vor den kommenden Bergetappen,
da er schon am Granite Paß Schwierigkeiten gehabt habe.
Andere glaubten, er habe sich mit der Organisation überwor-
fen, und schließlich wurde noch kolportiert, er sei davon, weil
er fürchtete, das Rennen nicht gewinnen zu können. Es wird
wohl von allem ein wenig gewesen sein. Sein Abgang hinter-
ließ jedenfalls eine Lücke, denn allein seine Hautfarbe – er
war dunkelhäutig – hatte einige Farbe in unseren wilden
Haufen gebracht. Dazu kam, daß er immer topmodisch ge-
kleidet war. Außerdem war er ein Modellathlet, an den, rein
körperlich betrachtet, keiner der übrigen Teilnehmer auch
nur annähernd herankam.

In Glendale/Moapa waren wir zum ersten Mal seit dem
Start an einen wasserführenden Fluß, den Muddy River, ge-
kommen und damit mitten in Schwärme von stechwütigen
Moskitos.

An der Grenze von Utah mußten die Uhren erstmals um
eine Stunde vorgestellt werden, wir wechselten aus der Paci-

Um Schutz vor der unmenschlichen Wüstensonne zu finden, griff Echo zu diesem ausgefallenen Modell eines Minisonnenschirms

fic Time in die Mountain Time, die uns bis an die Grenze von Kansas begleiten sollte, ehe wir dort wieder eine Stunde in die Central Time vorrückten. Das bedeutete für uns aber auch jedesmal eine Stunde weniger Schlaf und Erholung und Rückkehr zum Laufen am Morgen in Dunkelheit. Allein daran war ersichtlich, wie wir täglich auf unserem Lauf nach Osten vorankamen, wenn Tag für Tag die Sonne um einige Minuten früher aufging und die Dunkelheit um dieselbe Zeitspanne abnahm, bis wir am Ende jeder Zeitzone bereits bei Dämmerung starteten, um beim Umstellen der Uhren wieder in die Nacht zurückzufallen.

In Glendale hatte es kein Frühstück gegeben. Angeblich hätten die Indianer der Reservation, bei denen wir untergebracht waren, darauf vergessen. Als es aber auch in Mesquite kein Frühstück gab, platzte uns der Kragen. Es gab eine erste hitzige Aussprache mit den Veranstaltern, die allerdings ergebnislos verlief, da sich alle hinter der Floskel verschanzten: „Wir haben euch nichts versprochen." Nun stimmte es zwar, daß in der Ausschreibung stand, für Früh-

*„Go!" hieß das tägliche Startkommando um 5 Uhr morgens,
mit dem wir in die Dunkelheit und auf die Strecke geschickt
wurden. Das Lächeln gilt nur den Fotografen*

stück und Abendessen müßten die Läufer selbst sorgen, aber
dies war mitunter ein Ding der Unmöglichkeit. Meist waren
wir in einer Schule, einem Veteranenheim, einer Kirche oder
einem National Guard Armory untergebracht, die meist
außerhalb des jeweiligen Ortes lagen. Wie sollten wir um vier
Uhr in der Früh zu einem Frühstück kommen, wenn es nicht
mal Transportmöglichkeiten gab? Wie sollten jene Läufer,
die am Vorabend vielleicht erst gegen 21 Uhr ins Ziel gekommen waren, sich noch ein Abendessen beschaffen oder etwas
fürs Frühstück einkaufen? Hier machten es sich die Organisatoren wohl etwas zu leicht. Sicher, wir paßten uns im Laufe der Zeit so gut es ging an, aber die ständig wechselnden
Bedingungen schufen immer wieder ein Reizklima. Einmal
war das Abendessen für alle organisiert, dann wieder gab es
nichts. Mit dem Frühstück das gleiche. Das schlimmste daran war, daß man uns kaum jemals vor dem Start ausreichend
Informationen für den jeweiligen Tag zukommen ließ. Heute
weiß ich, daß das daran lag, daß selbst die Veranstalter meist
nicht wußten, was uns alle am Ende einer Etappe erwartete,
und sich nicht getrauten, diese organisatorischen Mängel zu-
zugeben.

War ein Abendessen organisiert, dann gab man sich größte Mühe, uns mit Süßigkeiten wie dieser Torte zum Nachtisch zu verwöhnen

Kurz vor Cedar City fielen die ersten Tropfen – wir hatten zumindest die Mojavewüste hinter uns gelassen, wenngleich noch einige Etappen vor uns lagen, die uns durch ähnlich einsame Gegenden führen sollten. Thelma und Louise verabschiedeten sich ebenfalls in Cedar City, aber schon bald sollte für sie Ersatz anrücken, wie überhaupt die Hilfe durch Freiwillige etwas war, das durch Zufall immer so klappte, daß eigentlich auf fast allen Etappen zusätzliche Hilfe zur Verfügung stand.

Schon in Newberry Springs war mir aufgefallen, welch Volk der Verschwendung die Amerikaner sind. Mitten in der Wüste stand da ein Prachtbau mit herrlich grünem Rasen und einem gefüllten Wassergraben ringsherum, auf dem Erwachsene wie Kinder mit Motorscootern dahinrasten. Natürlich handelte es sich bei diesem Anwesen um einen Privatbesitz. In Mequite jedoch vergaß ich vor Staunen den Mund zu schließen. Etwas außerhalb des Ortes befand sich die weitausgedehnte Anlage eines 18-Loch-Golfplatzes, der gerade in der prallen Nachmittagshitze aus Dutzenden Regenspendern bewässert wurde. Palmen wiegten sich im Wind, es war wie eine Fata Morgana.

Daß das Geld in Amerika auf der Straße liegt, ist ein altes Sprichwort. Daß es sich aber damit tatsächlich so verhält, wissen wir spätestens seit diesem Rennen. Schon auf der ersten Etappe hatten Helmut und Milan eine ganze Handvoll Münzen entlang der Strecke gefunden und auch aufgehoben. Daraufhin begannen Stefan und ich ebenfalls mit dem „Lumpensammeln", wie wir es nannten. In New York hatte jeder von uns ein ganz schönes Häuflein beisammen. Meine Sammlung machte schließlich 254 Münzen aus, die von Helmut und Milan waren sicher noch umfangreicher, denn die

Auf dem Freeway I-70 in Utahs eindrucksvoller Landschaft

In Amerika liegt das Geld auf der Straße. Wieder einmal hat Helmut eine Münze gefunden

Ein Schnappschuß von der großen Parade zum Nationalfeiertag am 4. Juli in Salina, Utah

51

Utah ist zweifellos einer der landschaftlich reizvollsten Bundesstaaten der USA

beiden liefen meist vor uns und kassierten so den Löwenanteil. Am Anfang empfanden wir dies als willkommene Abwechslung, später wurde es zur Gewohnheit, nur am Ende mancher langen Teilstrecke blieben die Münzen unbeachtet – da war uns das Bücken schon zu mühselig.

Kurz vor Monroe sind die ersten 1000 Kilometer geschafft, und am 4. Juli erreichten wir Salina, wo wir am Abend die große Parade zum Nationalfeiertag bewundern konnten.

Zwischen einzelnen Läufern kommt es zu ersten lautstarken Auseinandersetzungen, die zeigen, unter welchen Spannungen alle stehen, wie angegriffen Psyche und Physis bereits sind, aber es hat sich jeder so weit im Zaum, daß es zu keinen Handgreiflichkeiten kommt. Emile streitet sich mit Marvin wegen einer angeblichen Abkürzung, die Emile genommen habe, Serge schimpft ohnedies schon seit dem ersten Abend auf alles und jedes, Emile schießt sich immer mehr auf die Organisation ein, und Marvin, dem zunehmend Beinprobleme zu schaffen machen, redet sich seinen Frust von der Seele, indem er mehr und mehr mit sich selbst hadert.

Camping in der Geisterstadt

Kurz nach Salina liefen wir an einem alleinstehenden Haus vorbei, es sollte das letzte für ganze drei Tage sein, noch ein letztes Mal erwartete uns Wildwestromantik. Wir machten gerade Rast an einer Brücke, die über einen kleinen Bach führte, und Michi vertrat sich ein wenig die Beine, als wir plötzlich einen erschrockenen Aufschrei hörten und er blaß und leicht zitternd dahergerannt kam. Er war unvermutet auf drei meterlange Klapperschlangen gestoßen.

Unser heutiges Ziel war ein Rastplatz am Interstate Freeway 70, in der Nähe der Ausfahrt Nr. 84. Wie zum Hohn verkündete ein großes Schild „Please no Camping". Toiletten und fließendes Wasser waren alles, was uns hier geboten wurde, geschlafen wurde in Zelten, die der Veranstalter zur Verfügung stellte. Patricia und Dean, Jesses Freunde aus Miami, die uns die gesamte Strecke mit dem Rad begleiteten, kochten für alle, und bald machte sich richtige Räuberromantik breit, da auch die Tagesstrecke mit rund 50 Kilometern zu den kürzesten überhaupt gehört hatte. Es war die Zeit vieler und langer Gespräche untereinander, schließlich war man

54

bereits über zwei Wochen unterwegs, hatte sich an das Zusammenleben halbwegs gewöhnt, und schön langsam kam man einander auch näher. Natürlich machte die Geschichte von Michis Abenteuer mit den Schlangen die Runde, und als Carol davon hörte, meinte sie: „Hoffentlich gibt es hier keine Schlangen, ich habe panische Angst vor ihnen." Schallendes Gelächter, als ich trocken bemerkte: „Hoffentlich laufen die Schlangen nicht davon, wenn sie dich sehen." Einen Moment schaute sie verärgert, dann aber stimmte sie in das allgemeine Gelächter ein. Ja, zimperlich durfte man in unserer Horde nicht sein. Wer über jedes kleine Mißgeschick hadern wollte, der hatte hier wahrlich nichts zu suchen.

Am Abend tauchten zwei Frauen auf, Sherryne und Lorraine aus Vancouver in Kanada, Bekannte von Barry, die den ganzen weiten Weg auf sich genommen hatten, um uns ein paar Tage zu begleiten und dabei helfend überall anzupacken, wo Not am Mann war.

Sturm und einsetzender Regen trieb uns am folgenden Morgen weiter durch Utahs endlose Weiten, ein weiteres Camp in der Wildnis erwartete uns. Mitten auf der Strecke hatte Shelly, eine junge Studentin, die als Betreuerin von Richard fungierte, ihr Auto geparkt und kam mit einer Wasserflasche über den breiten Mittelstreifen zu mir gerannt.

„Willst du etwas trinken?", fragte sie mich. Als ich verneinte, weil ich gerade vorhin bei Dale „getankt" hatte, schlang sie plötzlich ihre Arme um mich, drückte mir einen Kuß auf die Wange und ließ mich ganz verdutzt stehen. Später hat sie mir erklärt, sie habe sich so sehr darüber gefreut, daß ich wieder im Rennen war, daß sie einfach nicht anders konnte.

Unser Weg führte durch eine der eindrucksvollsten Gegenden der USA und endete am Milepost 115, einem Rastplatz am Rande eines Canyons von unglaublicher Schönheit – Sindbad Valley. Hier gab es nicht einmal Wasser, nur einfache Latrinen. Dies und die inzwischen mit voller Stärke herniederbrennende Sonne führte dazu, daß es fast zu einem Aufstand unter den Läufern kam. Barry erkannte die Situation am raschesten, versuchte die Wogen der Erregung so gut es ging zu glätten und rief nach dem Abendessen zu einer Läuferbesprechung auf. Das gute und ausreichende Essen, zubereitet von den beiden Kanadierinnen, wofür sie in das 70 Kilometer entfernte Städtchen Green River einkaufen gefahren waren, hatte die Gemüter etwas beruhigt. So verlief diese Besprechung, an der Jesse und Michael nicht teilnahmen, ziemlich ruhig. Man kam überein, daß diese beiden mit den Vorstellungen und Wünschen der Läufer konfrontiert

Unsere Aussicht vom Camp 2 am Freeway I-70 über das Sindbad Valley

Umgeben von
Schlangen und
Skorpionen,
bereiten Sherryne
und Lorraine, die
beiden Kanadierin-
nen, das Abend-
essen für alle in
Cisco

Etwas sarkastisch
nannten wir dieses
unser Nacht-
quartier in Cisco,
der Geisterstadt,
„Wüstenhilton"

Das Postamt von
Cisco, das für die
einzige dort leben-
de Familie einmal
wöchentlich für
eine Stunde geöff-
net wird

werden sollten, wofür Ed, Tom und ich als Sprecher benannt wurden. Tatsächlich gab es dann nur eine einzige solche Aussprache, die schon am nächsten Tage stattfand, aber ergebnislos endete. Zu weiteren Aussprachen sollte es gar nicht mehr kommen, da Runner's World in immer stärkerem Maße in die Organisation eingriff und sowohl Jesse als auch Michael immer weiter in den Hintergrund gedrängt wurden.

Unsere letzte Station in Utah war Cisco, eine echte Geisterstadt. Kurz davor hatten Tom, Ed und ich, als wir gerade gemeinsam liefen, ein tolles Erlebnis: Ein Auto verlangsamte neben uns das Tempo, und der Fahrer sagte uns, er wolle jedem von uns die Hand schütteln, so bewundere er uns. „Ich habe von euch in der Zeitung gelesen, ich stamme aus Salt Lake City und dachte mir, diese tollen Burschen mußt du dir anschauen." Und dafür war er über 400 Kilometer gefahren. Für uns war das unfaßbar schön.

Zelt oder verlassene Bretterbude hieß die Auswahl, wir entschieden uns für letzteres. Eine einzige Familie lebt noch hier, mit überdimensionaler Parabolantenne vor dem ärmlichen Haus. Sonst liegt nur Gerümpel umher, Autowracks rosten vor sich hin, was hält eigentlich diese Familie dort? Und weil jemand dort lebt, gibt es auch ein Postamt; es hat seine zwei mal zwei Meter im Geviert, jeden Mittwoch von 11 bis 12 Uhr geöffnet, man kann ja nie wissen. Auch das ist Amerika.

Über die Rocky Mountains

Schon in Utah waren wir auf über 2000 Meter Höhe gekommen, aber mit dem Eintritt nach Colorado türmten sich in der Ferne die südlichen Ketten des Felsengebirges vor uns auf. Die Einheimischen sprachen immer öfter von den angeblich so schmalen und steilen Straßen über die höchsten Pässe. Milan und ich blieben gelassen, wer den Swiss Alpine Marathon bewältigt hat, braucht sich vor Amerikas Paßstraßen sicher nicht zu fürchten. Wir hatten in der Zwischenzeit gelernt, daß alles, was bei den Amerikanern als „enge Straße" bezeichnet wurde, allemal noch einer gut ausgebauten Bundesstraße bei uns entsprach, und was die Steigungen angeht, da sind unsere Pässe wohl als schwieriger einzustufen. Was die Etappen über die Rockys aber so anstrengend machte, war einmal ihre Länge, die im Durchschnitt über 80 Kilometer mit einer Spitzenetappe von 100 Kilometern betrug, sowie die unendlich langen Steigungen von 30 und 40 Kilometern in einem Stück und auch die ebenso langen Gefällstrecken, die vor allem die Kniegelenke unmenschlich strapazierten.

Fast alle Verletzungen des Bewegungsapparats hatten dieselbe Ursache: Amerikas Straßen sind in der Regel sehr bombiert. Wir waren verpflichtet, stets auf der linken Straßenseite auf dem Bankett oder einem anderen Randstreifen zu laufen. So mußte zum größten Teil das linke Bein tiefer als das rechte aufsetzen. Dadurch entstand ein ständiges Ungleichgewicht in der Belastung der Beine. Diese fortgesetzte ungleiche Belastung führte früher oder später zu einer Überlastung und damit zu Sehnenscheidenentzündungen (tendonitis), Knochenhautentzündungen (sog. „shin splints"), Knie- und Knöchelbeschwerden. Es war nur die Frage, in welchem Maße sich diese Beschwerden äußerten. Meist konnte mit spezifischen Salben, Eispackungen und schmerzstillenden Mitteln erreicht werden, daß Schwellungen und Schmerzen erträglich blieben. Wer wie ich, trotz aller Behandlung, nur noch einen Klumpen als Fuß am Körper trug, der hatte allerdings das Spiel verloren. So bereitete sich jeder sehr sorgfältig auf die Berge vor, immerhin sollte es auf über 3600 Meter hinaufgehen. Für viele Neuland, die meisten hatten keine Lauferfahrung im Gebirge.

Die Sache mit der Klapperschlange

Wie bei uns säumen leider auch in den USA viele tote Tiere die Straßen, nur sind es Vertreter anderer Arten. In der Wüste und bis Colorado hinein waren es vor allem Schlangen aller Art, Präriehasen und Präriehunde. Später kamen alle Arten von Hörnchen, Schildkröten, Waschbären und Stinktiere dazu, vereinzelt säumten auch Kadaver von Hochwild den Straßenrand. Meist kündigte schon intensiver Geruch das Aas an, denn anders als bei uns bleibt es in den USA gänzlich der Natur überlassen, für das Verschwinden Sorge zu tragen.

So kam es auf einer Etappe auch zu einem lustigen Erlebnis. Ed, Tom und ich liefen wieder einmal zusammen, ziemlich weit vorn, als wir bei einer Labestelle eine Klapperschlange entdeckten. Etwa einen Meter entfernt standen die Flüssigkeitsbehälter. Vorsichtig näherten wir uns, aber die

Schlange rührte sich nicht. Schließlich stellten wir fest, daß sie tot war. Darauf beschlossen wir, weil sie schön zusammengerollt dalag, sie in die Mitte der Behälter zu legen. Gesagt, getan.

Im Ziel erzählte dann Milan, wie er und Helmut auf diese Schlange gestoßen und entsetzt zurückgeprallt waren.

„Wir standen da und wußten nicht, was wir tun sollten. Das Teufelsvieh blockierte ja den Zugang zu den Behältern. Einen Stock konnten wir auch nicht finden. Da hatte Helmut die Idee, das Tier vielleicht mit Steinen vertreiben zu können. Erst als wir die Schlange mit Steinen bewarfen und sie sich nicht rührte, wurde uns klar, daß da etwas nicht stimmte.

Wir haben noch lange und herzlich über diesen Streich gelacht; einigen Zeitungen war diese Geschichte sogar einen eigenen Artikel wert.

Entlang des Colorado Rivers

Nach elf Tagen Pause nahm auch Al das Rennen wieder auf. Wie gewohnt teufelte er los und gewann gleich vier Etappen hintereinander, verletzte sich neuerlich, diesmal am Knie beim Bergablaufen vom Vail Paß. Er gab schließlich endgültig auf, nachdem es in den Etappen zuvor schon heiße Diskussionen wegen seines Wiedereintritts gegeben hatte. Einige der Competitive Läufer konnten es nicht verkraften, daß Al als Journey Runner ihnen die Show stahl; das war natürlich reine Eifersucht, denn Al hatte wie jeder andere auch das Recht, jede Etappe zu laufen und zu gewinnen, wenn er es schaffte. Wenn ein Journey Runner eine Etappe gewänne, wäre das unfair; er sollte nicht durchs Ziel laufen dürfen oder später starten; diese und ähnliche unsinnige Ideen wurden an die Organisation herangetragen. Alle Läufer der Competitive Division wurden am Rennbeginn mit einem Satz Startnummern ausgerüstet, auf der die Nummer schwarz aufgedruckt war. Läufer wie Celine, die von Anfang an in der Journey-Klasse liefen, erhielten ebenso wie einzelne sogenannte „Stage-Läufer" rote Startnummern. Unter Stage-Läufer wurden jene Personen verstanden, die auf der Strecke zu uns stießen und dann eine oder auch mehrere Etappen mitliefen. Meist handelte es sich dabei um Bekannte einzelner Läufer aus unserer Gruppe. Und nun sollten jene Läufer, die aus Verletzungsgründen in die Journey Division hatten

Einige Fahrer des Gold Wing Clubs in Fruita, die später Serge ins Ziel geleiteten

wechseln müssen, ebenfalls rote Startnummern erhalten. Das alles bewog Al schließlich dazu, daß er überhaupt nicht mehr an den Start ging und sich nur noch in der Organisation nützlich machte, wo er sich um die Zeitnahme kümmerte, da auch dafür keiner zuständig zu sein schien.

Serge hatte auf der Etappe von Cisco nach Fruita, auf der wir den Boden Colorados betraten, einen seiner schlechtesten Tage. Wer weiß, ob er rechtzeitig ins Ziel gekommen wäre. Jedenfalls eskortierte ihn die letzten Kilometer eine Gruppe von Motorradfahrern aus dem örtlichen „Gold Wing Club" auf überschweren Maschinen und brachte ihn noch rechtzeitig ins Ziel.

In Parachute platzte Michi auf der Suche nach einem geeigneten Schlafplatz mitten in eine Theaterprobe der örtlichen Laienspielgruppe. Deren Leiter, ein Grieche, hatte im Zweiten Weltkrieg in Wien gelebt und war dann ausgewandert. Seine Einladung zum Übernachten in seinem Haus nahmen wir dankend und gern an. Leider hatten wir vergessen, daß der nächste Tag ein Samstag war. Da fand immer ein sogenannter „Time trial"-Start statt. Das bedeutete, daß der Gesamtführende wie gewohnt um fünf Uhr auf die Strecke geschickt wurde und alle anderen, die bis zu einer Stunde zurücklagen, nach den jeweiligen Zeitabständen. Die Sache hatte nur einen Haken: Die Zeitabstände waren bis auf

So primitiv sahen die meisten unserer Nachtlager aus. Leon war das offensichtlich gleichgültig

einmal immer so groß, daß alle übrigen im Pulk, nur eben eine Stunde später, starteten. Wir standen wie gewohnt um 3 Uhr 30 auf und bemerkten unseren Fehler erst, als wir Dave einsam am Start sahen. So hatte er an diesem Samstag wenigstens zwei Zuseher, die ihn mit Applaus auf die Strecke schickten, denn natürlich nutzten die übrigen Läufer die Startverschiebung und blieben dementsprechend länger auf ihrem kargen Lager auf dem Fußboden irgendeiner Halle oder Kirche liegen, wo immer wir uns eben gerade befanden.

Das Schwimmbad von Glenwood Springs ist gänzlich mit Wasser aus den Quellen des größten Thermalbezirks der Erde gefüllt

Seit Tagen folgen wir bereits dem Colorado River flußaufwärts. Würden wir nicht wissen, wie sehr dieser Strom, je näher er dem Pazifik kommt, von Menschenhand unbarmherzig vergewaltigt wird, so daß sein Wasser gar nicht mehr den Ozean erreicht, wir würden ihn mit ganz anderen Augen betrachten. Hier ist sein Wasser klar und rein, er könnte auch ein Gebirgsfluß in den Alpen sein.

In Newcastle spricht mich mitten im Ort ein Mann an, verwickelt mich in ein Gespräch. Wie sich herausstellt, der Bürgermeister. In Glenwood Springs erwartet uns das ausgedehnteste Feld an heißen Quellen, das es auf der Erde gibt. Ein Teil des Wassers wird für ein riesiges Schwimmbecken verwendet, das wir auf einer anmutigen Bogenbrücke kurz

65

*In den meisten
Kleinstädten des
Westens scheint
der Wilde Westen
noch immer
lebendig zu sein*

vor dem Ziel sogar überlaufen. Duschen geht nur in privaten Clubs, wir haben Glück und werden in einen geführt, dessen Besitzer Südtiroler ist, der sich sichtlich freut, auf uns Österreicher zu stoßen und uns dementsprechend auch verwöhnt: Schwimmbecken, Whirlpool, Sauna, Massage, kalte Getränke, frische Früchte aller Art. Zwischendurch einmal ein Rasttag in einem dieser Clubs wäre wohl eine Wohltat für alle, dachte damals bestimmt nicht nur ich.

Gleenwood Springs ist aber nicht nur für seine heißen Quellen bekannt, hier findet sich auch das Grabmal des legendären Westernhelden Doc Holiday.

Die Königsetappen

Wir verlassen nun den Colorado und folgen dem Vail River tiefer ins Gebirge. Milan hat sich in der Zwischenzeit von seinem verknacksten Knöchel gut erholt, auch Ed ist wieder der alte geworden und läuft, als hätte er nie Beschwerden gehabt. Dave hat in der elften Etappe die Gesamtführung übernommen, auf dem zweiten Platz liegt Helmut, der jedoch sichtlich mit Problemen kämpft. Auf dem dritten Platz lauert Tom, der jüngste Teilnehmer, dessen unerschöpfliche Kraftreserven ihm bereits den Spitznamen „Young Stallion" (Junger Hengst) eingetragen haben. Marvin dagegen schleppt sich schon seit Tagen nur noch mit größter Willensanstrengung von Etappe zu Etappe und hätte einmal fast durchgedreht, als er in der Dunkelheit nach dem Start vom Weg abgekommen war und einige Kilometer zurücklaufen mußte. „Ich bring sie alle vor Gericht", war noch das freundlichste, das er damals von sich gab.

Einen Vorgeschmack auf die kommenden echten Bergetappen erhielten wir, als wir nach Glenwood Springs wegen Bauarbeiten am Interstate 70 den Umweg über den Cottonwood-Paß nehmen mußten, der mit seinen 2520 Metern auch schon ganz schön hoch war. Helmut hatte an diesem Tag ziemliche Magenprobleme, deshalb blieb ich die meiste Zeit bei ihm.

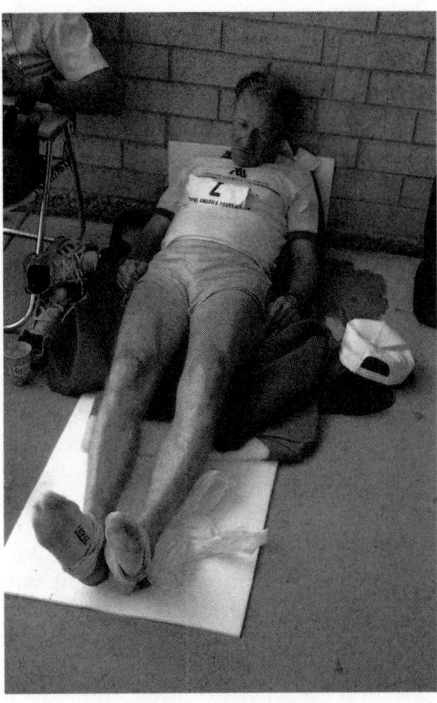

Marvins Schwierigkeiten wurden immer größer, bis er in den Bergen Colorados den Traum einer zweiten Durchquerung des Kontinents endgültig begraben mußte

Es ist eine bekannte Tatsache, daß man mit Begleitung wesentlich lockerer und entspannter laufen kann, nur ging das nicht immer, dazu waren die Laufgeschwindigkeiten der einzelnen Teilnehmer einfach zu verschieden. Vor allem an den Labestellen zerstreuten sich einzelne Gruppen immer sehr

Das Schigebiet von Copper Mountain zeigt deutlich, daß auch in den USA der Naturschutz wirtschaftlichen Überlegungen Platz machen muß

rasch. Der eine hatte das Bedürfnis, etwas zu essen, und machte eine kurze Pause, der andere lief einfach weiter, der dritte wiederum blieb kurz stehen, um zu trinken. War der Partner auch nur wenige Minuten vor einem, dauerte es oft Stunden, bis man wieder aufgeschlossen hatte, denn jede Verschärfung des Tempos kostete viel Kraft und Energie, und beim nächsten Stopp zog sich das Feld ohnedies wieder auseinander. Da hatte ich es mit Michi als Radfahrer an meiner Seite doch etwas leichter, nur kamen immer wieder Strecken, an denen man am liebsten mit seinen Gedanken allein war. Da schickte ich dann auch Michi fort. Das Restteam mit dem Auto war meist irgendwo auf der Strecke und wartete an bestimmten Punkten, denn wenn wir auf einem Interstate Freeway oder einem geteilten Highway liefen, war ein Zugang zu den Läufern nicht immer möglich.

Andererseits aber – und da zeigte sich bei aller Rivalität, daß wir doch immer mehr zu einer verschworenen Gemeinschaft wurden – war es selbstverständlich, daß sich Läufergruppen bildeten, die dem einen oder anderen selbstlos halfen, wenn er in Schwierigkeiten war. Besonders bei Tom und Richard zeigte sich dies im späteren Verlauf sehr deutlich, als beide mit größten Problemen zu kämpfen hatten und ohne die Hilfe der anderen wahrscheinlich irgendwann ein Etappenziel nicht mehr rechtzeitig erreicht hätten. Da wurde die eigene Plazierung, die persönliche Zeit am jeweiligen Tag plötzlich ganz unwichtig. Der Respekt vor der Leistung des anderen hatte uneingeschränkt Vorrang. Außerdem wußte jeder genau, daß auch er einmal in Bedrängnis kommen würde, und dann war jeder froh, wenn ihm in gleicher Weise kameradschaftlich geholfen wurde. Selbst Dave, der als Gesamtleader natürlich der „Gejagte" war, wurde diese Hilfe zuteil, denn auch er kam später noch in einige Schwierigkeiten und mußte die Führung in Kansas für eine Woche an Tom abtreten, ehe dieser durch Verletzung sogar an den Rand des Ausscheidens gebracht wurde.

Die Etappe über den Vail-Paß (3213 m) ist mit rund 100 Kilometern zugleich auch die bisher längste. Der Aufstieg zieht sich unendlich lang dahin, steilere Stücke wechseln mit weniger steilen ab. Für einige Kilometer benutzen wir die alte Paßstraße, die heute als Radweg dient, über den alljährlich die besten Profis bei der Amerikarundfahrt strampeln. Auf den Asphalt gepinselt finden wir Namen wie Indurain, Fignon und „go, Greg (Lemond), go". Kurz vor der Paßhöhe, mitten im steilsten Stück, zwei Männer mit Kamera und Tonband – sie wollen ausgerechnet hier ein Interview, typisch amerikanisch. Ich winke ab, laufe vorbei. Da sprinten sie mir nach, holen mich ein, der eine hält mir das Mikro unter die Nase, der andere schießt Bild um Bild, und ich bin erstaunt, mich plötzlich reden zu hören, hier auf über 3000 m beim Bergauflaufen. Es ist verrückt, ich verspüre die Höhe überhaupt nicht, plaudere, als wäre ich schon im Ziel, nur die beiden werden immer kurzatmiger, keuchen noch ein „Thank you" und bleiben dann schwer atmend stehen. Da erst wird mir bewußt, in welch großartiger konditioneller Verfassung wir uns alle befinden, auch wenn wir schon kaum noch Stellen an unserem geschundenen Körper finden, die uns nicht schmerzen, aber das hat mit Kondition und Ausdauer ja nichts zu tun.

Ich stürme die letzten Meter zur Paßhöhe empor, ein herrliches Panorama erwartet mich. Rundum Berge, die bis an die 4000 m reichen, bis über 3500 m mit Wald bedeckt sind und allesamt noch Flecken mit teilweise ewigem Schnee aufweisen. Rings um mich Wiesen und Matten mit Blumen, die in allen Farben leuchten. Die Luft ist klar und frisch, eine leichte Brise läßt die Bäume singen. Ein Bild, wie wir es aus den Alpen gewohnt sind. Barry muß wohl meine leuchtenden Augen richtig gedeutet haben, denn er sagt zu mir: „So locker und gelöst habe ich dich schon lange nicht mehr gesehen, aber für einen ‚mountain man' wie Dich muß dies ja das Paradies sein." Und in der Tat, ich fühlte mich auf einmal Österreich so nahe, auch wenn es fast 10 000 km entfernt war. Der Weg hatte uns an den bekanntesten Schiorten der USA vorbeigeführt: Beaver Creek, Vail, Colorado Ski, Copper Mountain usw., richtigen Retortenorten und dementsprechend häßlich mit ihren Hotel- und Appartementburgen. Nicht anders die in die Berghänge teilweise eingesprengten Schipisten, besonders Copper Mountain bietet ein trostloses Bild der Zerstörung einer noch bis vor wenigen Jahrzehnten unberührten Natur.

Die darauffolgende Etappe war mit 80 Kilometern zwar etwas kürzer, dafür führte sie über einen der höchsten Pässe der USA, über den Loveland-Paß (3634 m). Beim Start in Frisco maßen wir ganze zwei Grad, ich glaubte zu erfrieren. Nicht einmal Wärmezeug, Haube und Handschuhe konnten mich anfangs erwärmen, ich fühlte mich wie ein wandelnder Eisblock. Kurz vor Beginn des Anstiegs holte ich Helmut ein, der noch immer mit Magenproblemen kämpfte. Ich blieb bis zur Paßhöhe auch bei ihm. Ein eiskalter, heftiger Wind erwartete uns auf der Paßhöhe, die auch die kontinentale Wasserscheide bildet. Dafür wurden wir mit einer Aussicht belohnt, die jene des Vortags am Vailpaß noch in den Schatten stellte: ringsum ein Kranz schneebedeckter Viertausender, steil, kahl, unnahbar. Mein Team hatte von irgendwoher heißen Kaffee besorgt, das tat gut! Helmut borgte sich eine Wärmejacke, und ab ging es die mehr als 40 Kilometer hinunter nach Idaho Springs. Am Abend erfuhren wir, daß Marvin noch auf der Strecke das Handtuch geworfen hatte. Er war kurz nach der Paßhöhe, als er bereits weit über der

Helmut und der Autor auf dem höchsten Punkt der gesamten Strecke, dem 3634 m hohen Loveland Paß, der auch die kontinentale Wasserscheide bildet

Sollzeit lag und wegen seiner Probleme mit beiden Beinen keine Chance sah, diesen Rückstand beim Bergablaufen aufzuholen, in das Auto seines Betreuers gestiegen und ohne Abschied davongefahren. Das erinnerte mich sehr an mein Erlebnis mit Amerikanern 1978 am Aconcagua in Südamerika. Ray Genet, ein Schweizer Bergführer, der einige Jahre danach am Mount Everest tödlich verunglückte, lebte zu dieser Zeit in Alaska. Er und ich hatten in einer denkwürdigen Expedition alle elf Mitglieder, ausschließlich Amerikaner, auf den Gipfel dieses höchsten Berges beider Amerika (7014 m)

gebracht. Ich war damals richtiggehend konsterniert, als ich feststellen mußte, daß sich das gesamte Team danach einfach in alle Winde zerstreute, so, als ob man sich nur zu einem kurzen Gespräch getroffen und nicht wochenlang gemeinsam um den Gipfel gerungen hätte. Ray hatte mir damals gesagt, das ist die amerikanische Mentalität. Hier schien sich das zu bestätigen, denn Marvin tauchte genauso unvermutet, wie er uns verlassen hatte, einige Tage vor New York wieder auf und begleitete uns wie selbstverständlich die letzten Tage, allerdings ohne zu laufen.

Strahlender Sieger dieses Tages wurde Emile, der sich damit auch einen Wunsch erfüllen konnte. Wir schrieben den 14. Juli, Nationalfeiertag in Frankreich, und Emile widmete diesen Sieg seiner französischen Heimat.

Carol

Am Abend ergibt es sich, daß ich mit Carol ein längeres Gespräch habe. Sie hatte sich etwas verspätet zu diesem Rennen angemeldet und war auf die Warteliste gesetzt worden. Etwa zwei Wochen vor dem Start war sie angerufen worden, daß nun doch ein Startplatz frei sei. Obwohl sie bereits einem College zugesagt hatte, in der dortigen Sommerschule zu unterrichten, sagte sie dort kurzerhand ab, versuchte noch bestmöglich in Form zu kommen und war am Start in Huntington Beach schließlich die einzige Frau, die für die Competitive Division gemeldet hatte. Sie konnte immerhin auf einige Marathons und Ultralangstreckenrennen verweisen, darunter auch das beinharte „Badwater Race", das in einem Zug vom tiefsten Punkt der USA im Death Valley (minus 86 m) auf den Gipfel des Mt. Whitney (4418 m) führt. Ihr großes Handicap war allerdings, daß sie seit einigen Jahren unter Asthma litt. Sie wollte sich nach eigenen Worten beweisen, daß auch eine Frau von 42 Jahren noch zu Topleistungen fähig ist, sie wollte den Frauen in Amerika Mut machen und schließlich die erste Frau sein, die ein transkontinentales Rennen erfolgreich bestand. Daß dies nicht so einfach sein würde, wie sie sich das vorstellte, mußte sie schon am ersten Tag erkennen, als es ihr nicht gelang, das Ziel innerhalb der geforderten Soll-

Selten war Carol so guter Laune, meist wuchsen ihr die Probleme über den Kopf

zeit zu erreichen, und sie in die Journey Division wechseln mußte. Das war nicht weiter tragisch. Schlimmer schon war, daß auch sie unter Blasen an beiden Füßen litt und plötzlich mit der Tatsache konfrontiert wurde, daß sie in dieser Männergesellschaft als einzige alleinreisende Frau keinerlei Vorrechte genoß. Es fand sich niemand bereit, ihr Gepäck zu transportieren, bei den Ärzten war sie meist als letzte dran, da sie auch als eine der letzten ins Ziel kam. Da und dort war auch das Essen schon kalt, weil sie eben so spät eintrudelte. Sie wurde ganz einfach nicht wie eine Frau behandelt, und daran zerbrach sie. Zuerst versuchte sie es mit der Mitleidmasche, dann warf sie sich auf der Suche nach Unterstützung jedem an die Brust, was von den meisten allerdings falsch verstanden wurde, und schließlich spielte sie mit dem Gedanken abzureisen, da ihr auch das Asthma durch all den Streß und die psychische Belastung immer mehr zu schaffen machte. So meldete sie sich in St. George, Utah, am Abend der elften Etappe bei der Rennleitung ab, fuhr nach Beaver voraus, wo sie Bekannte hatte, und schloß sich uns dort zwei Tage danach wieder an. Einige Tage später war sie wieder einem Nervenzusammenbruch nahe. Ganz zerstört war sie, als ihr von der Rennleitung verboten wurde, die beiden Bergetappen zu laufen, aus Angst, sie könnte mit ihrem Asthma unvorhersehbare Probleme bekommen. „Dabei wollte ich gerade diese Strecken so gern laufen, obendrein hatte ich gestern Geburtstag."

Sie war wirklich zu bedauern, aber auch selbst schuld. Mit ihrem Verhalten, den vergeblichen Versuchen, überall Zuspruch zu finden, war sie kläglich gescheitert. Sie wollte nicht wahrhaben, daß wir alle selbst so viele Probleme hatten, daß wir froh sein mußten, diese bewältigen zu können, und einfach kein Platz war für die Sorgen anderer.

„Was soll ich machen? Was mache ich falsch? Du bist der einzige, der mir wenigstens zuhört, wenn ich spreche. Alle anderen behandeln mich, als wäre ich eine Aussätzige oder eine Dirne."

Ich konnte ihr keinen anderen Rat geben als zu versuchen, alles als unabänderlich hinzunehmen, und vor allem nicht zu versuchen, sich selbst in den Mittelpunkt zu stellen.

„Aber ich ertrage das einfach nicht, ich bin es nicht gewohnt, daß in meiner Umgebung ungeniert gerülpst und gefurzt wird und jeder wildfremde Mann splitternackt umherläuft. Schau dir den Peter an, der zieht sich doch absichtlich jeden Morgen vor mir die Hose runter und beginnt sich alle möglichen intimen Stellen mit weiß Gott was einzuschmieren."

„Wenn du das nicht ertragen kannst, dann hast du hier nichts verloren. Wenn du es nicht schaffst, all das einfach weder zu hören noch zu sehen, dann ist es wirklich besser, du packst Deine Sachen und verschwindest, bevor du dich psychisch noch ganz kaputt machst", lautete meine ziemlich brutale Antwort.

Natürlich war sie ziemlich geschockt, brach wieder einmal in Tränen aus. Ich machte mir schon Vorwürfe ob meiner direkten Antwort, aber dann beruhigte sie sich doch. Ein paar Tage später, als sie eine Etappe fast durchlaufen konnte, kam sie freudestrahlend zu mir: „Egal, was noch passiert, ich bleibe auf jeden Fall bis New York im Rennen."

Das hat sie dann auch durchgehalten, trotz immer schlimmer werdender Asthmaanfälle, trotz mancher Weinkrämpfe, und am Ende durfte sie mit ihrer persönlichen Leistung, immerhin über 2000 Kilometer geschafft zu haben, auch mehr als zufrieden sein.

In Kansas verließ sie noch einmal das Rennen für zwei Tage, allerdings, um der gesamten Truppe eine nette Überraschung zu bereiten. Eine befreundete Familie („Das ist der Mann, den ich einmal beinahe geheiratet hätte.") besaß in der Nähe eine größere Farm, kam mit einem ganzen Auto voll Köstlichkeiten an die Strecke gefahren und verpflegte uns alle zusätzlich an diesem Tag. Carols Augen leuchteten wie zwei Sterne, endlich hatte sie etwas gefunden, das die ungeteilte Zustimmung aller fand.

Abschied vom Team

Ziemliche Sorgen bereitet mir seit geraumer Zeit, daß unsere Ausgaben den erwarteten Rahmen bereits weit überschritten hatten. Der Chefredakteur jener Zeitung, die unser Generalsponsor war, hatte versprochen, dafür zu sorgen, daß über ein Geldinstitut so viel Bargeld aufgetrieben würde, daß unsere Kosten damit gedeckt werden könnten. So hatte ich zur Zwischenfinanzierung einen Kredit aufgenommen, da auch eine Spendenaktion, von der Zeitung ins Leben gerufen, nur ein sehr bescheidenes Echo fand und wir auf jeden Fall Bargeld benötigten. Anrufe in die Heimat hatten stets den gleichen Erfolg: „Wir bemühen uns, aber ..."

Da ich es meiner Familie gegenüber nicht verantworten konnte, uns alle wegen dieses Unternehmens in Schulden zu stürzen, mußte ich eine schwere Entscheidung treffen.

Der Hauptkostenfaktor war natürlich das Fahrzeug. Das mußte zurückgegeben werden. Damit standen aber meine Leute auf der Straße, falls es keine Möglichkeit gab, sie in Fahrzeugen der Organisation unterzubringen. Da die wenigen Autos, die dem Veranstalter zur Verfügung standen, aber voll besetzt waren, verliefen alle diesbezüglichen Gespräche negativ, und auch ein Angebot, unser Fahrzeug gegen Kostenersatz der Organisation zur Verfügung zu stellen, wurde abgelehnt. Man hatte kein Geld.

So blieb mir nichts anderes übrig, als meine Leute zusammenzutrommeln und sie von der neuen Situation in Kenntnis zu setzen. Natürlich waren alle betroffen und auch sauer, vor allem auf unseren „Sponsor". Als auch sie in Gesprächen mit der Rennleitung zu keinem besseren Ergebnis kommen konnten, entschlossen sich Ina, Heinz und Thomas, das Rennen zu verlassen und nach Hause zu fahren. Nur Michi erklärte, er mache auf jeden Fall weiter, koste es, was es wolle.

Denver als die nächste große Stadt auf unserem Weg bot sich dafür an, und so waren von da an Michi und ich auf uns allein gestellt.

Vor allem für mich war es eine gewaltige Umstellung. Hatte ich bis jetzt ein Team um mich, das mir praktisch alle Arbeit abnahm, so daß ich mich fast ausschließlich auf das Laufen konzentrieren konnte, so war ich von einem Tag auf den anderen gezwungen, fast alles selbst zu erledigen. Ich mußte auf meine Massagen verzichten, mich wie die meisten anderen um mein Essen selbst kümmern, mußte alle Berichte selbst schreiben und war auf der Strecke ebenfalls von der

Unterstützung durch irgendwelche Freiwillige abhängig. Zwar hatte ich mit Michi einen treuen Begleiter per Rad, aber er hatte auch nur zwei Hände und Füße und ohnedies genug zu tun, für mich, für das Buch und für sich zu fotografieren. Andererseits waren die meisten anderen auch auf sich allein gestellt und schafften es trotzdem. Es war nur der plötzliche Wechsel von umsorgt zu selbstsorgend, der mir die ersten Tage nach Denver zu schaffen machte. Der Abschied meiner Begleiter traf aber indirekt auch viele andere Teilnehmer. Es hatte sich gleich nach den ersten Etappen eingebürgert, daß zuerst zögernd, dann aber von immer mehr Läufern die Dienste meines Teams in Anspruch genommen worden waren. Mit Stefan und Oliver gab es schon vor Rennbeginn ein Arrangement, daß beide ihre Sachen in unserem Fahrzeug deponieren, daß Stefan so wie ich von meinen Leuten versorgt wird und Oliver dafür meine ärztliche Beratung übernimmt. Mit diesen Dingen war jetzt natürlich Schluß. Und als wäre auch der Himmel mit meinem Entschluß nicht einverstanden, schickte er uns in Denver am späten Nachmittag zum Abschied noch ein schweres Unwetter mit fast tennisballgroßen Hagelschloßen. Gott sei Dank waren bis auf zwei Läufer bereits alle im Ziel in Aurora, einem östlichen Vorort. Diese beiden, Serge und Ed Williams, gerieten mitten in den Hagelsturm. Unverständlicherweise reagierte niemand aus der Rennleitung, um ihnen in irgendeiner Weise zu Hilfe zu kommen. Schwer gezeichnet wankten beide schließlich durchs Ziel, wo Al, ebenfalls vom Hagel überrascht, heroisch ausgeharrt hatte.

„Ich konnte ja das Ziel nicht verlassen, irgend jemand muß doch die Zeit auch für die letzten nehmen", meinte er furchtbar verärgert. „Aber man hätte mir wenigstens einen Regenschutz bringen können."

Marty, Peter und der Autor in einem aufziehenden Gewittersturm, der den Tag zur Nacht machte

Was Serge, der Nörgler vom Dienst, an diesem Abend als Kritik von sich gab, war sicher nicht druckreif, auch wenn nur Celine und Emile sein Französisch verstanden. Beide suchten ziemlich abrupt das Weite, als Serge mit seiner Schimpfkanonade loslegte. Nur Ed Williams, der bis auf wenige Kilometer jede Teilstrecke gehend zurücklegte, blieb ziemlich ruhig und schüttelte nur einige Male den Kopf, als könne er dies alles nicht begreifen.

Denver hatte uns eigentlich recht gleichgültig empfangen. Es war die einzige große Stadt, die wir am hellichten Tag im stärksten Verkehr zu durchqueren hatten. Welch ein Wechsel von den Bergen in ihrer majestätischen Ruhe zu dieser hektischen Insel des Mammons. Über 30 Kilometer lang ging es schnurgerade die Colfax Avenue von einem Ende der Stadt bis zum anderen. In kaum einer anderen amerikanischen Stadt ist mir deutlicher bewußt geworden, daß in Amerika ein Leben ohne Auto undenkbar ist. Bis ins Zentrum mit seinen Wolkenkratzern, wohl allen aus „Denver Clan" in bester Erinnerung, war absolut kein Fußgänger zu sehen, dafür Autos, wo immer man hinblickte. Es mutete fast gespenstisch an.

Fernsehen war angesagt, aber weit und breit davon nichts zu sehen, nur am nächsten Morgen konnte man in der Zeitung in einem kleinen Artikel zwischen den Zeilen lesen, wie dumm wir eigentlich alle sind, 5000 km für nichts als die Ehre zu laufen. Dafür seitenlange Berichte über die gerade im Endstadium befindliche Tour de France und das eben begonnene Trainingslager der örtlichen Footballmannschaft. Eigentlich war dies ein kleiner Schock für uns, denn immerhin nennt sich Denver ganz stolz „Mile high City", weil die Stadt auf rund 1600 m Seehöhe liegt, und zudem befindet sich nur wenige Meilen außerhalb der Stadt in Boulder das Zentrum der amerikanischen Langstrecken- und Marathonläufer, wo viele Athleten aus aller Welt sogar ständig Quartier bezogen haben. Aber hier rollen die Dollars, während wir ... (siehe oben).

Durch die Prärie

Der Hagelsturm schien eine Periode unsicheren Wetters eingeleitet zu haben, denn am nächsten Morgen liefen wir in dichtem Nebel, der sich erst spät hob, aber fast den ganzen

Tag blieb es regnerisch und kühl. Fast schien es, als ob auch der Himmel mit den Zuständen in unserem Rennen nicht ganz einverstanden sei. Die langen und schweren Bergetappen hatten deutliche Spuren hinterlassen. Manche Läufer hatten bis zu acht Kilogramm abgenommen – kein Wunder bei unserem unregelmäßigen Essen und den viel zu kurzen Erholungspausen. Jeden Morgen hatten wir mehr und mehr das Gefühl, noch gar nicht richtig geschlafen zu haben, wenn uns Jesses „Three-thirty, three-thirthy" aus dem Schlaf riß. Ich weiß noch, wie ich an einem dieser Morgen zu Stefan sagte: „Mensch, das ist ja längst kein Rennen mehr, das ist ja höchstens noch ein Leichenzug."

Dabei hatten wir bisher, zumindest was das Wetter betraf, sicher jede Menge Glück gehabt. Sicher, die Wüste war brutal heiß gewesen, aber außer mit tiefen Temperaturen am Morgen hatten die Rockys sich sehr zahm gezeigt; kein einziges Gewitter, kein Sturm bis Denver. Und jetzt, da jeder die feuchte Hitze des Mittelwestens gleichermaßen erwartete wie fürchtete, deutete nichts darauf hin, daß sich das ungewöhnlich kühle Wetter ändern würde. Nun, uns konnte das nur recht sein.

„Runner's World" greift ein

Seit einigen Tagen sind Eric und Burton, zwei Angestellte von „Runner's World", bei uns. Sie waren von Barry zu Hilfe geholt worden, weil wieder einmal ziemliche Unruhe bei den Läufern entstanden war. Es waren keine großen Dinge, aber der Dauerstreß, in dem sich alle befanden, hatte das Nervenkleid der meisten schon ziemlich strapaziert, und jede Kleinigkeit wurde auf die Goldwaage gelegt. Selbst Barry war bereits so weit, daß er alles hinschmeißen wollte. Er war von Tag zu Tag mehr zum Leidtragenden geworden. Als Verantwortlicher für die Öffentlichkeitsarbeit sollte er eigentlich dem Rennen immer zumindest einen Tag voraus sein, Presse, Rundfunk, Fernsehen auf Trab bringen. Dabei verzettelte er sich mit tausend anderen Dingen, die aber auch erledigt werden mußten und für die sich niemand zuständig fühlte. Um nicht gänzlich durchzudrehen, bat er um Unterstützung bei Runner's World und rief schließlich auch Lisa, seine Frau, Krankenschwester in Philadelphia, an, die sich ins Flugzeug setzte und ebenfalls zu Hilfe eilte.

Erich und Burton sahen sich einige Tage das Treiben an, konferierten jeden Abend mit Jesse, Michael und Barry und kamen schließlich mit diesen dreien zu dem Schluß, hier können nur einschneidende Änderungen eine Katastrophe abwenden. Denn eines war allen, auch uns klar: Wenn dieses Rennen New York nicht erreicht, dann ist es endgültig und für alle Zeiten gestorben. Dazu fürchtete natürlich Runner's World um seinen Ruf, immerhin ist man das auflagenstärkste Laufmagazin der Welt. Was man sich allerdings ausdachte, war teilweise so grotesk, daß wir nicht einmal darüber lachen konnten. Man änderte kurzerhand etliche Regeln, stellte neue auf und dachte offenbar, damit den Stein der Weisen gefunden zu haben. Diese Änderungen wurden uns einige Tage danach in einer Läuferversammlung zur Kenntnis gebracht, die danach tumultartige Ausmaße annahm und zweifellos zur Folge hatte, daß Eric und Burton bereits am drauffolgenden Morgen klammheimlich das Rennen wieder verließen.

Was wurde nun geändert oder neu eingeführt?

1. Ausrüstung und Gepäck jedes einzelnen mußten um 4 Uhr 15 beim LKW abgeben werden. Das wurde kurz darauf in 4 Uhr 30 abgewandelt, weil um 4 Uhr 15 kein Mensch mit seinen Vorbereitungen fertig war, die meisten erst beim Frühstück waren. Bei Nichtbefolgung setzt es fünf Minuten Zeitstrafe. Schon wenige Tage später scherte sich niemand mehr um diese Regel, es gab auch nie irgendwelche Zeitstrafen.

2. Säubern des Schlafraumes (20 Minuten Zeitstrafe). Stellen Sie sich vor, in einer großen Halle liegen an die 40 Leute verstreut umher. 10 Leute hinterlassen Mist, darunter auch welche, die keine Läufer sind. Wer hat nun wo gelegen? Sie können das Spielchen gern selbst weiterführen.

3. Vor dem Start ist ein Startprotokoll zu unterzeichnen. Befanden wir in Ordnung, damit nicht geschwindelt werden konnte.

4. Läufer müssen Wasserflasche tragen (15 Minuten Zeitstrafe). Der Protest jener, die Begleiter hatten, wurde zunächst abgelehnt. Als aber Richard am nächsten Morgen mit einem Minifläschchen auftauchte – er hatte ja Shelly als Betreuerin – und damit diese Regel ins Lächerliche zog, da wurde sie schließlich dahingehend abgeändert, daß nur Einzelläufer Wasserflaschen tragen müssen. Diese Regel wurde in erster Linie eingeführt, weil einzelne Läufer bereits mit Magenproblemen zu kämpfen gehabt hatten und der Meinung waren, diese Beschwerden wären in erster Linie daher ge-

kommen, daß an den Labestellen die Läufer ohne Flaschen einfach aus den Behältern tranken. Becher könne man nicht verwenden, denn die würden von den Läufern weggeworfen werden. An kleine Abfallbehälter hat dabei niemand gedacht.

5. Die Läufer müssen die Streckenpläne bei sich tragen (15 Minuten Zeitstrafe). Das war sicher auf Serge gemünzt, nur, was nützt das Mitsichführen, wenn er ihn doch nicht lesen kann.

6. Die Startnummern dürfen nicht verändert werden (15 Minuten Zeitstrafe). Vernünftig, denn der Sponsorname hat sichtbar zu sein.

7. Die Läufer müssen auf der linken Seite der Straße laufen (15 Minuten). Diese Regel sollte Ed Williams noch das Rennen kosten.

8. Aus den Wasserbehältern darf nicht direkt getrunken werden (15 Minuten).

9. Kein Alkohol innerhalb eines öffentlichen Gebäudes oder in einem gewissen Abstand davon (30 Minuten). Das betraf ausschließlich Bier, das wir Läufer nach dem Ziel gern zu uns nahmen, und das Ziel befand sich ja fast immer bei einem öffentlichen Gebäude, sei es eine Schule, eine Kirche oder ein Veteranenheim. Diese Regel war als Schutz gegenüber dem Veranstalter gedacht (siehe auch Kapitel Amerikanische Gesetze und Moralvorstellungen).

Doch dann folgte der Hammer:

Journey Runner konnte man ja nicht mit Zeitstrafen belegen, daher hatte man sich für sie andere Dinge einfallen lassen. Ab sofort durften Journey Runner nur noch den letzten Teil einer Tagesstrecke laufen. Die Streckenlänge würde jeweils von der Rennleitung je nach Einschätzung der individuellen Fähigkeiten jedes einzelnen festgelegt werden. Sie dürften sich nicht mehr an verschiedenen Punkten aussetzen lassen. Sie sind verpflichtet, vor dem Start der Rennleitung zu helfen, den LKW zu beladen, am Beginn jeder Strecke mitzuarbeiten beim Aufbau der Labestationen. Auch dürfen sie keinen Kontakt zu Medien unterhalten.

Ausschließlich Barry Lewis ist für die Medien zuständig, an ihn dürfen keinerlei Klagen mehr herangetragen werden. Die Läufer haben vielmehr aus ihrer Mitte eine Person zu wählen, und diese Person wiederum hat alle Beschwerden der Rennleitung schriftlich bekanntzugeben.

In dem Tumult, der nach Verkündigung dieser Änderungen und neuen Regeln entstand, ist alles andere untergegangen. Unsere Anliegen kamen gar nicht erst zur Sprache.

Die Touristen

Diese Neuerungen waren einerseits ein Maulkorb für uns Läufer, andererseits eindeutig gegen die Journey Runner gerichtet. Seit ihrem Ausscheiden aus der Competitive Division hatten es sich einige Teilnehmer immer besser gehen lassen und waren schließlich wirklich nur noch als Touristen unterwegs. Allen voran Bruno, von dem sich jeder von Anfang an gefragt hatte, was er eigentlich in diesem Rennen zu suchen hat. Er war allerdings einer der ersten gewesen, die sich angemeldet hatten, und nach dem Prinzip des „first come, first serve" war er natürlich startberechtigt gewesen, zumal von der Rennleitung keinerlei Nachweis irgendwelcher Vorleistungen gefordert worden war.

Jesse hat mir gegenüber einmal zugegeben, er habe Angst gehabt, es würde sich niemand melden, daher habe man so gehandelt. Als die Anmeldungen die Erwartungen übertrafen, konnte man nichts mehr ändern.

Bruno avancierte schon sehr bald zum Don Quichote des Rennens. Mit seinen gut 15 kg Übergewicht, den ewig traurig blickenden Augen und seinem watschelnden Gang bot er stets ein Bild des Jammers. Natürlich war er schon an der ersten Etappe gescheitert, aber das hinderte ihn nicht, ständig große Sprüche zu klopfen. Jeden Tag trug er ein anderes Leibchen von irgendeinem großen Lauf. Mal erzählte er von vier Marathons, die er in drei Wochen absolviert haben wollte, dann waren es wieder drei in vier Wochen. Meist wußte er gar nicht, welchen Unsinn er daherredete. Sein großer Traum ist es, den Transamerikalauf zu verfilmen, mit ihm als Starregisseur. Bruno ist 50 Jahre alt.

John McPhee war der zweite Schwergewichtige, der ebenfalls schon in der ersten Etappe aus der Wertung gefallen

Brunos ganzes Gepäck bestand aus dieser Schachtel und einer kleinen Reisetasche, die ihm zugleich als Kopfpolster diente

war. Er war vom Typ her genau das Gegenteil von Bruno, ruhig und zurückgezogen. Mir hat er einmal in einem Gespräch erklärt, er wisse ganz genau, daß er in der Competitive Division nichts zu suchen habe, aber er hatte es versuchen wollen. Die Regeln erlaubten dies ja. Da hatte er natürlich recht, und vielleicht dachte Bruno ähnlich.

Ganz anders Kim, dessen Wiege in Korea gestanden hat. Seine Hauptbeschäftigung während des gesamten Rennens war eindeutig die Meditation. Vielleicht wollte er daraus die fehlende Kraft schöpfen. Genützt hat es ihm offenbar wenig, auch für ihn war die erste Etappe bereits die letzte in der Competitive Division. Er war stets freundlich, meist umspielte ein feines Lächeln sein Gesicht. Für einige Tage zumindest bemühte er sich mehr als redlich, möglichst viele Kilometer auf sein Konto zu bringen. Da sah er immer sehr mitgenommen aus, aber irgend einmal muß bei ihm der Faden gerissen sein, denn da sah man ihn nur noch in irgendeinem Auto oder meditierend neben der Straße sitzen.

Ein Kapitel besonderer Art war Leon, pensionierter Armeeangehöriger mit beachtlicher läuferischer Vergangenheit. Mit 310 Marathons, 200 Ultramarathons und 16 Sechstagerennen in seinem Tagebuch konnte man ihn nur bewundern. Er hat es nie verwunden, daß er schon am ersten Tag das Ziel

Leon im Nebel

zu spät erreichte. In einer Art Trotzreaktion beschloß er, nur noch zu gehen. Er hatte während der gesamten 64 Renntage mit keinem der Teilnehmer irgendeinen Kontakt, war gänzlich introvertiert, sonderte sich grundsätzlich ab, wo er konnte, trug ständig ein kleines Rucksäckchen mit sich – niemand wußte, was darinnen war –, trug die Startnummer auf dem Strohhut, den er täglich auf hatte, war jeden Tag bereits um vier Uhr rennfertig und schien seine Rennklamotten so lange am Leib zu behalten, bis sie von ihm abfielen. Verwickelte man ihn aber in ein Gespräch – was selten genug gelang –, war man überrascht, welch vernünftige Antworten man in sehr gepflegter Sprache von ihm erhielt. Leon sorgte auch immer wieder für teilweise unbeabsichtigte Heiterkeit. So passierte es einmal am Ziel einer Teilstrecke, daß er auf den letzten Metern von John überholt wurde und plötzlich lossprintete, um noch vor diesem die Ziellinie zu passieren, obwohl das bedeutungslos war, da er ja nicht mehr der Competitive Division angehörte. Ein andermal herrschte helle Aufregung, als Dale der Rennleitung mitteilte, daß er Leon auf der Strecke nicht habe finden können. Mehrere Autos fuhren in die Nacht hinaus, um ihn zu suchen. Vergeblich. Nach 22 Uhr spazierte Leon mit dem für ihn typischen schleppenden Schritt seelenruhig daher und erklärte unbeeindruckt: „Ich bin so müde gewesen, da hab ich mich in den Straßengraben gelegt und muß wohl eingeschlafen sein." So war Leon.

Ein ergreifendes Erlebnis für alle war seine Ankunft im Ziel von Hannibal, am Mississippi gelegen und Heimatstadt des großen amerikanischen Schriftstellers Mark Twain.

Leon war wieder einmal meilenweit hinter dem letzten Läufer vom Ziel entfernt. Dale hatte Auftrag, ihn im Auto ins

Wenn Leon auf der Strecke müde wurde, legte er sich einfach nieder, egal wo er sich gerade befand

Ziel zu bringen. Aber Leon weigerte sich standhaft, bei Dale einzusteigen, gab aber auch keine Erklärung für sein Verhalten. So fuhr Dale verärgert unverrichteterdinge wieder zurück. Eine große Gruppe von Läufern stand im Zielgelände herum und wartete auf das Abendessen, als Leon endlich daherkam. Einzelne Anfeuerungsrufe wurden laut, und als Leon plötzlich zu laufen begann, setzt unvermittelt tosender Applaus ein. Er aber kümmerte sich nicht darum, stürmte durchs Ziel und geradewegs in die Arme von zwei alten gebrechlichen Menschen, welche die ganze Zeit über unbeachtet dagestanden hatten. Es waren seine Eltern, beide über 80 Jahre alt, die von San Diego, Kalifornien, bis hierher geflogen waren, um ihren Sohn wenigstens einmal in diesem Rennen in die Arme schließen zu können.

Zu nennen wäre auch noch Billye, mit 63 Jahren zusammen mit Ed Williams der älteste Teilnehmer. Er schied am zweiten Tag aus, blieb aber bis zu seiner Abreise immer Läufer, wenngleich auch er nie mehr eine komplette Etappe schaffte. Sein Markenzeichen waren zwei verschiedenfarbige Kniestrümpfe, die er zur Entlastung seiner Kniegelenke trug.

Das Problem mit diesen so früh ausgeschiedenen Teilnehmern war, daß sie mit ihrem Verhalten immer mehr zur Belastung der ohnedies überforderten Organisation wurden. Wann immer es ihnen nicht mehr paßte, hielten sie das nächste Begleitfahrzeug auf, stiegen ein, ließen sich ein Stück vorfahren, stiegen wieder aus, liefen oder gingen ein Stück, und dann begann das Spiel wieder von neuem. Dadurch waren nicht nur die Begleitautos in Beschlag genommen, durch das ständige Wechseln der Fahrzeuge verlor auch die Rennleitung die Übersicht. Schließlich war die Journey-Runner-Klasse eine eigene Rennklasse, wurden die zurückgelegten Kilometer jedem Teilnehmer gutgeschrieben. Da man aber so keine Übersicht mehr hatte, wurden diese Leute am Abend einfach gefragt, wie viele Kilometer sie zurückgelegt hätten. Das wurde danach eingetragen. Daß es dabei täglich zu Phantasieangaben kam, liegt in der Natur der Sache, erregte aber auch den Unmut der anderen Läufer. Hier hätte die Rennleitung schon viel eher reagieren müssen. Bei der Hälfte der Strecke war es natürlich zu spät. Die Art, in der dies dann passierte, war sicher nicht korrekt. Man kann nun einmal nicht mitten in einem Rennen die Regeln ändern oder neue aufstellen, nur weil man draufgekommen ist, daß meine ursprünglichen Regeln zu ungenau oder zuwenig durch-

dacht waren. Besonders der Passus mit dem Zusammen-
räumen und dem Beladen des LKW war letztlich nur ein
spätes Eingeständnis der Veranstalter, daß sie nicht fähig
waren, das Rennen korrekt abzuwickeln.

Jedenfalls führte diese massive Regeländerung dazu, daß
bis auf Leon alle oben genannten beschlossen, das Rennen
zu beenden und nach Hause zu fahren. Leon in seiner
schweigenden Art stand am folgenden Morgen pünktlich um
4 Uhr 30 beim LKW und hat diesen, ohne sich auch nur einmal zu beklagen, bis zum letzten Tag mit Akribie allein beladen. Der einzig sichtbare Protest, den er zeigte, war, daß er
nun auf der Strecke vielleicht noch langsamer ging und sich
wie ehedem wieder mehrmals an verschiedenen Punkten
aussetzen ließ. Und siehe da, niemand in der Rennleitung
wagte auch nur ein einziges Mal, dagegen etwas zu sagen,
weil allen klar war, wenn auch Leon das Rennen verließ,
müßten sie selbst den LKW beladen.

Ohne Zweifel hatte das endgültige Ausscheiden von Al es
den Organisatoren leichtgemacht, in dieser Art gegen die
Journey Runner vorzugehen. Denn solange Al als Läufer in
Erscheinung trat – egal in welcher Kategorie –, hatte man
eine Gallionsfigur vorzuweisen, denn Al ist in Amerika heute
sicher mit Abstand der bekannteste und auch erfolgreichste
Ultraläufer. Und als sich dann auch noch Marvin auf französisch verabschiedete, da war auch das letzte Aushängeschild
dahin. Immerhin hatte Marvin schon einmal den Kontinent
durchquert und war seit zwei Jahren der Teammanager des
US-100-Kilometerteams. Auf der anderen Seite hatte das
Ausscheiden von Al aber auch ein Gutes für die Rennleitung.
Er blieb nämlich beim Rennen und übernahm die offizielle
Zeitnahme, etwas, das bis dahin doch ziemlich im argen gelegen hatte. Ich erinnere mich noch, wie erstaunt ich war,
daß bei den ersten Etappen niemand im Ziel die Zeit nahm.
Statt dessen hängte dort ein Zettel mit der Bitte, die Zeit an
der eigenen Uhr abzulesen und in die beigefügte Liste ein-
zutragen. Später hing da ein laufende Stoppuhr, und nach
einigen Tagen bequemte man sich doch, irgend jemanden
mit dieser Aufgabe zu betrauen. Diese Tätigkeit als Zeitneh-
mer trug Al schließlich den Beinamen „Master of all times"
ein.

Wie klein die Welt ist, erlebten wir einige Male auf unserem
Lauf durch den Kontinent. Einer der seltsamsten Zufälle betraf ausgerechnet Bruno. Als er gerade im Bahndepot von

*So sah das tägliche
Zielprotokoll aus*

Kelso seine Phantasiegeschichten zum besten gab, schien es
auch Leon zuviel zu sein, und er fragte ihn:
    „Du warst doch auch in der Armee?"
    „Ja, natürlich. Das war anfangs der sechziger Jahre."
    „Warst du nicht auch in Deutschland stationiert?"
    „Ja, in Augsburg, warum?"
    „Kennst du mich nicht mehr?"
    „Nein, woher sollte ich dich kennen?"
    „Na, ich bin damals dein Kommandant gewesen."
    Brunos Gesichtsausdruck wird mir für immer im Gedächt-
nis bleiben, hinderte ihn aber nicht daran, an den Folgetagen
jedem, der es hören wollte oder auch nicht, zu erzählen,
welch tapferer Bursche er in der Armee gewesen sei.

No breakfast – no run!

Mit dem Eintritt nach Kansas waren unsere Uhren wieder eine Stunde vorzustellen, wir befanden uns bereits in der Zone der Central time. Nur noch eine Zeitumstellung lag auf dem Weg nach New York vor uns.

Irgendwie schien mich diese turbulente Versammlung beflügelt zu haben, denn ich gewann die 66 km lange Etappe von St. Francis nach Atwood mit rund zehn Minuten Vorsprung auf Milan und konnte mir damit auch einen Wunsch erfüllen, nämlich zumindest eine Teilstrecke zu gewinnen. Zwar hatte ich schon die Etappe Cisco – Fruita als Zweiter hinter Al beenden können – damals trug ich noch einen Tapeverband und zwei ungleich große Schuhe, da mein rechter Fuß noch immer geschwollen war, und nachdem Al in der Zwischenzeit ja vollständig aufgegeben hatte, hätte ich mir diese Teilstrecke auch als Sieg auf die Fahnen heften können. Aber daran lag mir nichts. Um so größer war meine Freude nun. Ich war wieder vollständig verletzungsfrei, mein einziges Problem lag darin, mich jeden Tag aufs neue für eine gesamte Etappe motivieren zu können. Da ich normalerweise in der morgendlichen Kühle versuchte, die erste Strecke etwa im Umfang eines Marathons relativ rasch, das heißt in etwa vier bis viereinhalb Stunden, zurückzulegen, bevor die Hitze des Tages mein Tempo von selbst drosselte, war ich dem Feld, das an diesem Morgen richtiggehend bummelte, bald enteilt. An einen Sieg dachte ich erst nach etwa 50 km, als mir Michael aus dem Truck mitteilte, daß ich an die zehn Minuten Vorsprung habe. „Das könnte ausreichen", schoß es mir durch den Kopf. Barry kam bald danach angefahren und informierte, daß Milan ganz brutal laufe und ständig aufhole. Ich mobilisierte nochmals alle Kräfte und lief bis etwa fünf Kilometer vor dem Ziel jeden Kilometer unter fünf Minuten. Barry hatte natürlich auch Milan über meinen Vorsprung berichtet, und so lieferten wir uns ein richtiges Phantomrennen. Erst als Barry mir rund fünf Kilometer vor dem Ziel mitteilte, daß mein Abstand zu Milan unverändert sei, stellte ich ab und lief die restliche Strecke im Schongang. Und lustig, zugleich sah auch Milan ein, daß er mich nicht mehr einholen könne, und verlangsamte ebenfalls.

Nicht immer ging ich so gut gelaunt auf die Strecke. Ich bin ein ausgesprochener Frühstücksmensch, und wenn mich etwas im Verlauf dieses langen Rennens auf die Palme und aus dem Gleichgewicht bringen konnte, dann am ehesten ein

Der Autor auf dem Weg zu seinem Etappensieg in Atwood, Kansas

nicht vorhandenes oder mieses Frühstück. Michi hat sich einige Male mein Motzen in der Früh anhören müssen, wenn wieder einmal außer ein paar Oatmealflocken, einigen Stücken irgendeines viel zu süßen Kuchens und ein wenig kalter Milch nichts da war. Aber mein und vieler anderer Jammern half nichts, von Jesse hörten wir nur: „Wir haben euch nichts versprochen." Und sonst konnte uns auch keiner helfen. Nun soll nicht der Eindruck entstehen, wir wären ständig ohne Frühstück in die Nacht hinausgejagt worden, zum Teil gab es sogar Buffets mit allem Drum und Dran, aber das war leider die Ausnahme. Je weiter wir nach Osten kamen, desto häufiger gab es wenigstens heißen Kaffee, wenn auch der amerikanische Kaffee bei Gott nicht mit unserem zu vergleichen ist. So mußte jeder schauen, wie er mit dem Essen am Morgen zurechtkam. Ich entschloß mich zu einer radikalen Lösung, die vorbehaltlos auch Michis Zustimmung fand: Wann immer es kein entsprechendes Frühstück gab, gingen wir in der ersten Ortschaft, die wir durchliefen, essen – und zwar ausgiebigst. Nicht selten trafen wir dabei Vertreter des Rennmanagements, denen paßte also das karge Morgenmenü auch nicht. Nur hatten die es leichter, stiegen in ihr Auto und waren dahin, während ich jedesmal hinten nachlaufen mußte und es oft Stunden dauerte, bis ich die Schlußläufer eingeholt hatte. Manchmal waren sogar die Labestationen schon abgebaut, aber das konnte mich nicht erschüttern, denn mit Michi hatte ich meine mobile Verpflegungsstation ohnedies an meiner Seite.

November – mitten im Sommer

Irgendwo in Kansas liegt Smith Center, wahrscheinlich auch den meisten Amerikanern unbekannt, ist es doch nichts anderes als eines jener kleinen Städtchen, wie sie im Mittelwesten, aufgereiht wie an einer Perlenschnur entlang der schnurgeraden Highways, zu Dutzenden in der Landschaft liegen. Und doch birgt dieser Ort eine Besonderheit: Er darf sich rühmen, der geographische Mittelpunkt der USA zu sein, so zumindest steht es auf einer großen Tafel neben dem Highway 36, dem wir nun schon tagelang folgen, meist schnurgerade über viele langgezogene Kuppen.

Das Wetter hatte sich seit Colorado nicht wesentlich geändert, es war insgesamt gesehen eigentlich schlecht. Normalerweise ist der Sommer hier im Mittelwesten heiß und feucht mit Temperaturen bis an die 40 Grad und 90 % Luftfeuchtigkeit. Bestimmt kein läuferfreundliches Klima. Daher machten uns die ziemlich niedrigen Temperaturen – an manchen Tagen war es kaum 20 Grad – anfangs nichts aus, ja wurden sogar richtig willkommen geheißen. Was uns schön langsam aber auf die Nerven zu gehen begann, war der immer öfter auftretende Regen, der diese eher angenehme Kühle in Kälte verwandelte. Dazu häuften sich die Morgen mit dichtem Nebel. Sie schufen eine zusätzliche Gefahr beim Laufen in der Dunkelheit und ließen das bißchen Energie, das jeder einfach mobilisieren mußte, um sich nach dem Start wenigstens in Bewegung zu setzen, fast auch noch erlöschen. Unausgeschlafen, müde und mit Schmerzen am ganzen Körper, empfanden wir solche Tage noch viel intensiver. Mich erinnerten sie an eintönige Novembertage, grau, häßlich, ohne Leben.

Fast hätte der Regen unser Rennen auch unberechenbar gemacht, denn bei Marysville mußten die letzten beiden aus dem Läuferfeld bereits mit einem Truck in die Stadt gebracht werden, weil ein Fluß über die Ufer getreten war und die Stadt von Westen her unzugänglich machte.

Novemberstimmung mitten im Sommer in Kansas

Dabei hatten wir gerade wieder historischen Boden betreten, wir folgten nämlich einige Tage dem sogenannten „Pony Express Highway". In Marysville steht sogar noch eine original erhaltene Poststation aus den bewegten Tagen des Wilden Westens, als die Postkutschen der Wells Fargo Linie über das Land zogen, ständig bedroht von Indianern auf dem Kriegspfad. Der bekannteste dieser Postreiter war Bill Cody, besser bekannt unter seinem „Kriegsnamen" Buffalo Bill, der als Postreiter so mancher Indianerhorde ein Schnippchen schlagen mußte, um die Depeschen rechtzeitig an den Bestimmungsort zu bringen. Buffalo Bills Grab befindet sich übrigens in den Bergen westlich von Denver.

Der häufige Regen hatte zahlreiche Flüsse aus ihren Ufern treten lassen, immer wieder passierten wir überschwemmte Landstriche, aber bis auf den Zwischenfall vor Marysville wurde zumindest unser Vorwärtskommen dadurch nicht weiter behindert.

Dann schlug das Wetter plötzlich um. Drei Tage genossen wir „Normalwetter" mit Hitze an die 40 Grad und einer Schwüle wie in den Tropen. Da erkannten wir erst, welch ein Segen diese niedrigen Temperaturen für uns waren. Nicht auszudenken, wenn es wochenlang in dieser tropischen Hitze dahingegangen wäre. Schon diese drei Tage genügten, um einige von uns an den Rand eines Kollapses zu bringen.

Serge erwischte es einmal ziemlich arg. Während er sich sein Abendessen holte, sackte er plötzlich zusammen. Von welch eiserner Konstitution jeder von uns in der Zwischenzeit geworden war, zeigte sich gerade nach solchen Zwischenfällen. Noch ziemlich blaß um die Lippen und grau im Gesicht, stand er am nächsten Morgen unerschütterlich wieder am Start und wankte in die Nacht hinaus. Nach über 12 Stunden passierte er noch mehr gezeichnet gerade noch vor dem Cutoff die Ziellinie.

Schier unbegreiflich war uns allen, wo Serge täglich aufs neue die Kraft hernahm, wieder an den Start zu gehen. Sein ganzes Rennen war eine einzige Abfolge von nie endenden Schwierigkeiten

Was treibt eigentlich solche Leute wie uns? Für einige ist Laufen sicher der einzige Lebensinhalt, andere haben den Ultralauf zu ihrer Religion gemacht, aber die übrigen? Es verhält sich wohl so, wie es auch für die meisten extremen Bergsteiger gilt: Man steigt auf die höchsten Gipfel, einfach weil sie da sind. Man geht in ein solches Rennen, weil es existiert. Und dann kommen da noch die tausend anderen Gründe, die für jeden eigentlich dieselben sind, nur beantworten kann man sie so schlecht; dem Mitmenschen dies begreiflich zu machen ist schier unmöglich. Einer meiner Hauptgründe bei all meinen Unternehmen war immer, daß ich meine Grenzen nicht nur kennenlernen, sondern auch erweitern wollte. Aber daneben gibt es noch viele andere, wahrscheinlich den meisten Menschen eher banal anmutende Gründe. Oder waren wir einfach ein Haufen harmloser Verrückter?

Serge zum Beispiel läuft für eine Organisation, die eine namhafte Summe spenden will, wenn er durchkommt. Was veranlaßt einen Dave sogar den Beruf aufzugeben, um hier

Stefan (rechts) und der Autor kurz nach einem Gewitter in Missouri

mitzumachen? Der vor Augen stehende Sieg konnte es nicht gewesen sein, denn der stand am Anfang bei Gott noch nicht fest. Was trieb Patricia und ihren Freund Dean dazu, das gleiche zu tun, ihrem gemeinsamen Freund Jesse einen Gefallen zu erweisen und 5000 km mit dem Rad eine Gruppe Läufer quer durch Amerika zu begleiten?

Es gibt keine allgemeingültige Antwort darauf. Jeder hat seine individuellen Gründe, und nur die können gelten, auch wenn sie sich mitunter nach außen hin zu gleichen scheinen.

Drei Tage lang zeigte uns also der Wettergott, wie es wäre, wenn er sich besänne und uns mit dem „Normalwetter" bedächte, dann war der Spuk wieder vorbei, das graue Tuch der Wolken überzog den Himmel einmal mehr, und es folgten erneut Tage des Regens, der Kälte und des Nebels, noch allemal leichter zu ertragen als die kreislauftötende Schwüle der letzten Tage.

Dale

Mit Fortlauf des Rennens wurde ein Ausspruch immer mehr zum geflügelten Wort: Dales Blasen waren das beste, das dem Rennen hatte passieren können. In der Tat, auch ich bin felsenfest überzeugt, daß Transam '92 ohne Dale Beam nicht weit gekommen wäre.

Es war Donnerstag, der 18. Juni, als ein Hüne von fast zwei Metern in verschlissenen Kleidern, mit langem ungepflegtem Haar, einen Seesack über der Schulter, einen zweiten unter dem Arm, in unserem Motel in Huntington Beach abstieg. Wir hatten keine Ahnung, wer das sein könnte, waren aber

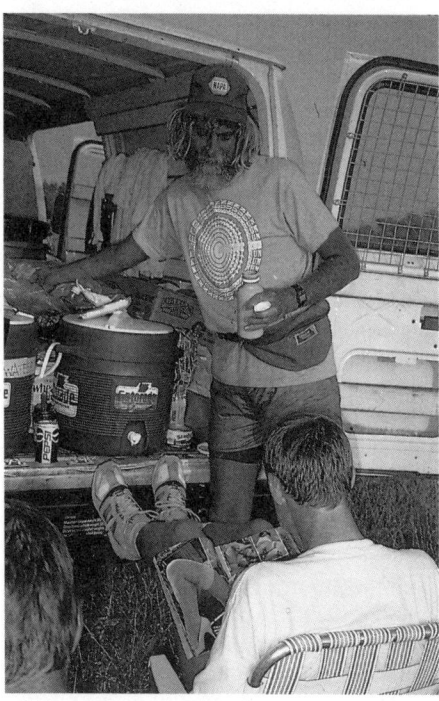

Der große Dale, dessen Blasen wahrscheinlich den Transamerikalauf gerettet haben. Er wurde mit seiner Fürsorglichkeit zur „Mutter" aller Läufer

alle felsenfest überzeugt, das kann nur ein Teilnehmer am Transamerikalauf sein. Irgend etwas ging von diesem Menschen aus, das uns von Anfang an faszinierte.

Der Zufall brachte es mit sich, daß ausgerechnet ich im Verlauf der ersten Etappe eine längere Strecke mit ihm zusammen lief und dabei natürlich die Gelegenheit nutzte, einen ersten Kontakt mit ihm zu bekommen. Dale stammt aus Wisconsin, ist 45 Jahre alt und läuft seit 30 Jahren fast täglich. Er hatte sich ähnlich wie ich noch nie über eine echte Ultrastrecke gewagt, aber bereits eine ganze Anzahl von Marathons bewältigt. Er ist unverheiratet, hat keine Kinder, führt nach eigenen Angaben ein Vagabundenleben und bereist am liebsten das Land per Rad.

Schon nach den ersten Kilometern fiel mir sein harter Schritt auf, seine Schuhe – Größe 53 – hämmerten richtiggehend auf den Asphalt. Er erreichte das Ziel an diesem ersten Tag mehr als eine Stunde vor mir, aber er humpelte bereits. Tags darauf schaffte er gerade noch die Sollzeit, und am dritten Tag mußte er mit furchtbaren Blasen aufgeben.

„Ich bin viel zu hart gelaufen", sagte er später einmal zu mir, „und falsche Schuhe habe ich wohl auch getragen."

Just an diesem Tag wurde der Rennleitung ein Transporter übergeben, für den es aber keinen Fahrer gab. Also fragte man Dale, der sofort zusagte, allerdings ausdrücklich erklärte, den Wagen nur so lange zu fahren, wie er nicht laufen könne, denn er wollte in jedem Fall so rasch wie möglich das Rennen wiederaufnehmen. Er hat das Steuer dieses Autos bis New York keinem anderen überlassen!

Dale war überall zu finden. Er war der erste in der Früh auf, er war der letzte am Abend im Bett, er brachte sich in seiner Fürsorge um uns Läufer fast um und brachte es ganz einfach nicht übers Herz, der Rennleitung zu sagen, hier sind die Schlüssel, morgen gehe ich wieder an den Start. Er wußte ganz genau, wenn er dies tat, wäre es wahrscheinlich das Ende des Rennens gewesen. Er setzte dieses Wissen auch nie als Druckmittel ein, ganz im Gegenteil, er ließ sich immer mehr Arbeit aufbürden, bis er unter der Last beinahe zusammenbrach. Ich erinnere mich noch gut, wie er mich während der Olympischen Spiele von Barcelona einmal in ein Motel brachte und bat, ein paar Minuten die Spiele zu verfolgen. Er setzte sich hin und war im gleichen Augenblick auch schon eingeschlafen. Eine gute Stunde später schreckte er hoch und machte mir noch Vorwürfe, daß ich ihn nicht früher geweckt habe, er hätte längst dieses und jenes noch zu erledigen gehabt.

Sein Wagen war ein einziges Schlaraffenland. Für jeden Läufer hatte er stets das Richtige zur Hand. John erhielt immer einen Sessel, Stefan seine Sexmagazine, Milan trank nur Cola, Peter aß meist Chips, Helmut schnappte sich am liebsten Pretzels, und für mich gab es Sandwiches. Schließlich kamen wir auch dahinter, woher alle diese Köstlichkeiten stammten – aus seiner Tasche nämlich. Ich glaube, noch nie

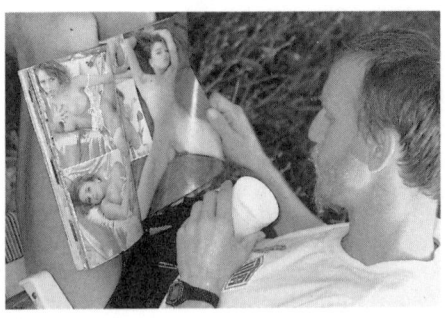

Dale erfüllte alle Wünsche, sogar Sexmagazine beschaffte er zur Unterhaltung mancher Läufer aus einschlägigen Geschäften

wurde so schnell ein Fonds eingerichtet, in den alle Läufer regelmäßig einzahlten, wie bei uns. Dabei wollte Dale das am Anfang gar nicht annehmen. Gäbe es mehr Dales auf der Welt, sie würde mit Sicherheit etwas freundlicher und friedlicher aussehen.

Dale war aber nicht der einzige unter den Freiwilligen, die zu erwähnen sind. Da waren die vorhin schon erwähnten Patricia und Dean, die sich anfangs sehr engagierten und sich die Hintern wundfuhren, um allen zu helfen. Dann gab es Streit mit Jesse, und von Tag zu Tag ließ ihr Einsatz nach, bis sie nur noch Teilstrecke um Teilstrecke herunterstrampelten und zu Radtouristen geworden waren.

Da gab es Stan aus Kansas, einen erfahrenen Ultraläufer, der in Utah zu uns stieß und uns 24 Tage bis zum Mississippi begleitete. Er sammelte stets die Labestationen ein, war also so eine Art Schlußmann. In vertraulichen Gesprächen klagte er mir mehrmals sein Leid, wie er unter dieser schlechten Organisation litt, daß allen Helfern der Ersatz der Kosten zugesichert worden war, daß davon nun keine Rede mehr sei.

Stan, einer der treuen Helfer, wäre selbst gern an den Start gegangen. Wegen einer Verletzung mußte er absagen. Das Ende des Rennens ging ihm jedenfalls sehr nahe

Ähnlich auch Gutdayzke, der Mann ohne Vornamen, von allen G-man (dschi-män) genannt. Er hieß ursprünglich Gutzke, nahm nach der Hochzeit den Namen seiner Frau „Day" in seinen Namen auf und legte dafür seinen Vornamen ab, in Amerika ist wirklich alles möglich. Er kam als Betreuer von Ed Williams, fuhr nach dessen Ausscheiden nach Hause und kam zusammen mit Stan in Indianapolis wieder, um uns bis nach New York zu begleiten. In dieser Phase allerdings waren beide mehr Privatmänner, die sich im Laufen abwechselten, aber es ließ sich nun mal gar nicht vermeiden, daß man doch wieder als Helfer eingespannt wurde.

„Wir würden uns ziemlich schäbig vorkommen, wenn wir da nicht Hand anlegten, da wir ja doch wissen, wie sehr alles im argen liegt", äußerte sich „G" einmal mir gegenüber, als wir gerade ein Stück gemeinsam liefen.

Last but not least ist noch Michi zu nennen, mein treuer und unerschütterlicher Weggefährte, Radfahrer aus Leidenschaft, der in diesem Rennen lernte, daß auch Langsamfahren seine Reize haben kann.

„Wovor ich mich am meisten gefürchtet habe, war, ob ich es fertigbrächte, mehr als neun Wochen im Schneckentempo dahinzuradeln", vertraute er mir einmal an. Ich muß sagen, er hat es hervorragend geschafft, ja, er hat sich sogar einige Male als Läufer versucht, obwohl er nach eigenen Worten alles andere denn ein Läufer sei. Er hat es auch mit ziemlichen Blasen gebüßt, konnte aber dadurch um so besser unsere Qualen verstehen und brachte für seine Jugend eine Zielstrebigkeit mit, die mir absoluten Respekt abverlangte. Die Berge in Colorado und später die Hügelketten der Allegheny Mountains waren seine Lieblingsgegenden, denn da konnte er seinem Rad auch mächtig die Sporen geben, so daß ich mir oft Sorgen um ihn machte und froh war, wenn ich ihn beim nächsten Treffpunkt noch gesund und munter antraf.

Michi, mein treuer Begleiter, den kaum jemals etwas aus der Ruhe brachte

Amerikanische Gesetze und Moralvorstellungen

„Wir waren noch nicht verheiratet und liebten uns gerade im Badezimmer, als es klopfte und Daves Mutter fragte, ob er wisse, wo ich sei. Das war vielleicht aufregend!"

Ganz locker erzählte Kelly, die Frau von Dave, über ihre erotischen Abenteuer mit ihm, daß sie heimlich geheiratet hätten, ihre Hochzeit mehr als ein halbes Jahr lang verschwiegen, weil ihre Familie mit Dave nicht einverstanden gewesen sei, und welche Vorwürfe es gehagelt hatte, als sich die Sache nicht länger verheimlichen ließ.

Hauptthema bei solchen Gesprächen war jedoch immer die Ungeniertheit der meisten Läufer. Natürlich war man an nackte Männer gewöhnt, man war ja schließlich alt genug, und zu Hause ginge man selbst am liebsten so, aber hier könne man sich als Frau überhaupt keine Privatsphäre leisten. Hinter jeder Ecke befände sich ein Mann, alles geschähe unter den Blicken dieser Kerle, die „doch alle nur das eine im Sinn hätten ...".

Nun, ganz so schlimm war es wirklich nicht. Natürlich schaffte das Zusammenleben so vieler Leute alle möglichen Probleme. Und zehn Wochen Enthaltsamkeit sind für einen normalen Mann sicher schwieriger auszuhalten als für eine Frau. Die Annahme, wir würden nach jeder Etappe ohnedies so kaputt sein, daß wir auf gar keine anderen Gedanken kämen, war sicher falsch. Die Natur meldete durchaus ihre Ansprüche. Zur Ehre aller männlichen Teilnehmer muß aber auch gesagt werden, daß trotz aller Witze, die die Runde machten, trotz mancher anzüglicher Bemerkung nie die Grenzen des Anstands überschritten wurden. Einschlägige Magazine waren eigentlich das einzige, womit versucht wurde, den Hormonspiegel in den Griff zu bekommen.

Die Amerikaner sind aber auch gerade in Moralvorstellungen ein mehr als eigenartiges Volk. Da werden auf der einen Seite ganz selbstverständlich die intimsten Storys in allen Einzelheiten zum besten gegeben, aber auf der anderen Seite gibt man sich derart prüde, daß wir Europäer nur den Kopf schütteln können.

Wir waren wieder einmal in einem Recreation Center untergebracht, dem ein Schwimmbecken angeschlossen war, in dem gerade ein Schwimmkurs für Kinder abgehalten wurde. Zufällig war ich gerade unter der Dusche, als der Kurs beendet wurde. Eine Schar Kinder kam herein, begann zu kichern, stellte sich unter die Duschen, seifte sich ein und behielt die Badehose an. Da dämmerte es mir erst, was ihr Kichern bedeutet hatte.

Ich lag nackt auf dem Massagetisch, Thomas knetete mich so richtig durch, da stürmt die Verwalterin herein, schreit „zudecken, zudecken", obwohl sich außer unserer Truppe niemand im Raum befand, und verlangt wenig später sogar, daß um den Massagetisch ein Paravent aufgestellt werden muß.

Dagegen war es gang und gäbe, daß in den meisten Schulen die Klosettanlagen bei den Duschen keine Türen aufwiesen, also für jedermann „einsichtig" waren.

Daß jeder von uns auf der Strecke mitunter mehrmals am Tag austreten mußte, dürfte auch jedem einleuchten. Daß dies meist direkt am Straßenrand erledigt wurde, ließ sich gar nicht verhindern. Wer einmal auf Amerikas Straßen unterwegs war, weiß, daß die meisten so großzügig angelegt sind, daß links und rechts weder Bäume noch Büsche zu finden sind. Also mußten alle „Geschäfte" quasi in der Öffentlichkeit erledigt werden.

Beschwerte sich doch prompt einmal eine Autofahrerin bei Dale, daß sie gerade einen Mann beim Pinkeln hatte beobachten müssen:

Na, da war sie an den Richtigen gekommen. Dale erklärte ihr nämlich in entwaffnender Offenheit: „Lady, da haben sie aber ungemeines Glück gehabt, denn normalerweise geben sich unsere Leute am Straßenrand mit Pinkeln nicht zufrieden."

Schallendes Gelächter, als uns Dale dies beim nächsten Verpflegungsstop erzählte.

Brenzliger wurde die Sache, als einmal eine Zivilstreife Milan beim gleichen Geschäft erwischte; nur ein langes Streitgespräch zwischen Jesse in seiner Eigenschaft als Renndirektor und dem zuständigen Sheriff konnte Milan davor bewahren, sogar eingesperrt zu werden.

Nicht ganz anfreunden konnte zumindest ich mich mit der Tatsache, daß es in unserem Haufen einige gab, die auch ein großes Geschäft unmittelbar neben der Fahrbahn abwickelten. Ein paar Meter zur Seite wäre meiner Meinung nach durchaus angebracht gewesen.

Ina und Michi wiederum mußten sich mehr als einmal gefallen lassen, in Lokalen nach einem Ausweis gefragt zu werden, wenn sie sich ein Bier bestellen wollten. Da nutzte es auch nichts, wenn ich erklärte, ich wäre ihr Vater. Prompt folgte die Belehrung, daß ich mich strafbar mache, wenn ich das Alter meiner „Kinder" nicht richtig angäbe.

Dagegen werben allerorts unübersehbare Tafeln für Geschäfte mit erotischer Literatur, Sexvideos und anderen einschlägigen Accessoires. Hier deckte sich auch Dale mit Magazinen ein, die dann bei Labestopps dem einen und anderen die langen Etappen offenbar kürzer erscheinen ließen.

Ein eigenes Kapitel war der Biergenuß. Es ist kein Geheimnis, daß die meisten Läufer heute nach dem Ziel am liebsten zu einem Bier greifen, da im Bier tatsächlich in hohem Maße jene Stoffe vorhanden sind, die man zur Wiederauffüllung seiner Reserven benötigt. Nicht umsonst wird heute bei den meisten Rennen nach dem Ziel Bier als Läuferverpflegung angeboten.

In Amerika ist es verboten, in der Öffentlichkeit ein geöffnetes Behältnis mit einem alkoholischen Getränk sichtbar mit sich zu führen. Deshalb sieht man vor allem in den Städten immer wieder Leute, die eine geöffnete Flasche oder Dose sorgsam in einen Papiersack versteckt mit sich führen und daraus trinken. Das Gesetz spricht von sichtbar, also wird es ganz simpel umgangen. Das gilt auch für den Konsum in oder an öffentlichen Gebäuden. Da es tatsächlich einmal zu einer Beanstandung gekommen war, bat man uns, das Bier etwas weiter entfernt zu trinken. Die Rennleitung nahm bei der großen Regeländerung diese Bestimmung zum Selbstschutz auf. Damit hatte es sich dann auch. Natürlich wurde weiter Bier getrunken, und wenn es halt sein mußte, verbarg man die Dose eben in einer Socke.

Was dem Deutschen sein Gartenzwerg, ist dem Amerikaner seine Liebe zu allem möglichen Kitsch

Über 1000 Hügel und noch mehr

Ed Williams, der große alte Mann, der jede Tagesstrecke fast nur gehend bewältigte, hatte seit einigen Tagen arge Probleme mit einer Knochenhautentzündung. Die geneigte Straße verschlimmerte seine Qualen noch, und als er es einmal nicht mehr aushielt, ging er ein Stück auf dem ebenen Mittelstreifen. Prompt wurde er von der Rennleitung dafür mit einer 15-Minuten-Zeitstrafe belegt. Ed, der durch sein Gehen fast immer der letzte im Ziel war, verstand die Welt nicht mehr. Auch wir waren empört, denn das Ganze war auf einer Nebenstraße ohne Verkehr passiert, in unseren Augen eine unnötige Härte diesem liebenswerten alten Mann gegenüber, der in seiner Zurückgezogenheit oft direkt hilflos wirkte und doch von allen, obwohl er kaum Kontakt hatte, irgendwie ins Herz geschlossen worden war. Das Startprotokoll am nächsten Morgen unterschreibt er noch, an den Start ging er nicht mehr. Im Auto seines Betreuers, des „G-man", ließ er sich zum Etappenziel fahren, wo ich ihn in Gedanken versunken antraf.

„Ich begreife es einfach nicht. Ich habe doch nichts getan. Diese Zeitstrafe habe ich nicht verdient. Ich habe die ganze Nacht nicht geschlafen, immer wieder kreisten meine Gedanken um den einen Punkt – warum? Ich kann nicht mehr, zum ersten Mal fürchtete ich heute in der Früh, daß ich die Schmerzen nicht mehr ertragen könnte."

Er tat uns allen leid, aber jede Intervention war vergeblich. Dafür wurde er demonstrativ am gleichen Abend von uns geehrt, mit einem Geschenk bedacht und trat gemeinsam mit Gutdayzke am folgenden Morgen die Heimreise an.

Bill von Runner's World trifft als der neue „Koordinator" ein und wird gleich bei seiner Ankunft ausgebuht. Er hat diese Lektion klugerweise gleich richtig verstanden und beschränkte sich bis New York darauf, im wesentlichen die Rolle eines Helfers zu spielen und im übrigen mehr im Hintergrund zu agieren. Er wie auch seine Frau Jane, die wir seit dem ersten gemeinsamen Meeting in Huntington Beach kannten und die wenige Tage vor New York wieder zu uns stieß, sind uns eigentlich sehr liebe Freunde geworden. Beide hatten stets aufmunternde Worte parat, konnten sich gut in unsere Lage versetzen und vermittelten ganz einfach das Gefühl, richtige Ansprechpartner zu sein.

Kansas hatte sich als überraschend hügelig entpuppt, und als wir bei Elwood mit dem Missouri den ersten der großen

Ed Williams, der Geher, mit 63 Jahren der älteste Teilnehmer, wurde durch eine überharte Zeitstrafe aus dem Rennen geworfen

Bill, von Runner's World eigentlich als Überwacher geschickt, entwickelte sich immer mehr zu einem Anwalt für die Sorgen der Läufer

Ströme überschritten, meinte John, der aus Cicero/Illinois stammt: „Von jetzt an wird es flacher, du wirst sehen, Illinois ist flach wie ein Bügelbrett, die höchste Erhebung bei uns ist, glaube ich, gar kein Hügel, sondern ein Gebäude."

Ich war mir nicht ganz sicher, ob ich mich freuen sollte oder nicht. Einerseits waren die nicht enden wollenden Hügel natürlich anstrengender als eine flache Strecke, andererseits vermittelten sie zumeist ein wenig Abwechslung in dieser durch das schlechte Wetter noch eintöniger wirkenden grenzenlosen Weite.

Aber noch bleibt der Charakter der Strecke unverändert. Hügel reiht sich an Hügel, die Straße schnurgerade. Am besten, man steckt den Kopf zwischen die Schultern und läßt den Blick am Boden. Erfreulich viele Schmetterlinge umgaukeln uns, leider auch Schwärme von Moskitos, die bei diesem feuchtkühlen Wetter offenbar prächtig gedeihen.

Ich mußte mal ganz dringend. Es war früher Morgen, es regnete ganz leicht. Ich rannte in einen Feldweg und entledigte mich der Ursache meiner Bauchschmerzen. Als hätten

sie auf mich gewartet, stürzten sich ganze Geschwader dieser Peiniger auf meine Hinterseite, und danach schaute mein
verlängerter Rücken aus, als hätte ich die Masern. Nicht viel
besser ging es uns mit den Fliegen. Zeitweise kamen wir uns
vor, als wären wir irgendwo im Vorderen Orient. Bald lief jeder zweite mit einer Fliegenklatsche herum, und in jedem
Quartier wurde erstmal ausgiebig Jagd nach diesen Biestern
gemacht, die jedem die verdiente Ruhe verleideten. „Ja, so
viele Fliegen sind wirklich ungewöhnlich, aber der milde
Winter hat offensichtlich zu viele überleben lassen", hörten
wir immer wieder sagen.

Zeitweise umgab uns intensiver Geruch nach Sumpf, Mo-
der und verfaulten Pflanzen. Nach tagelangen Regenfällen
waren viele Felder überschwemmt, Weizen, Mais und Soja-
bohnen faulten unter Schlammfluten.

Muffins, Donuts, Chips und Pretzels

Helmut hatte in den ersten Etappen die Führung übernommen und war dann von Al abgelöst worden. Nach dessen
Ausscheiden war Helmut wieder in der Position des Gesamt-
führenden, ehe ihn Dave nach der elften Etappe von dort ver-
drängte und diese Führung unangefochten bis zum 36. Tag
innehatte, wobei er zwischendurch mit bis zu sieben Stunden
Gesamtvorsprung alle Gegner in Grund und Boden zu laufen
schien.

Aber das Rennen war gerade erst in die zweite Hälfte gekommen. Die derzeitigen Positionen spiegelten zwar zweifellos das Leistungsvermögen der meisten Läufer wider, aber
Entscheidungen waren mit Sicherheit noch nicht gefallen.
Auch Dave war letztlich nur ein Mensch und keine Maschine. Aus heiterem Himmel begann sein linkes Knie zu strei-
ken. Innerhalb von nur fünf Etappen war sein Vorsprung dahin, und er mußte die gelbe Startnummer des Führenden an
Tom abgeben. Tom wollte die Schwäche seines Gegners
natürlich nutzen und auf den folgenden Etappen seinerseits
einen beruhigenden Vorsprung herauslaufen, was ihm aber
nicht gelang, da Dave seine Verletzung überraschend schnell
überwand. Nach der 41. Etappe, nur fünf Tage nachdem er
die Führung verloren hatte, eroberte Dave diese wieder zurück und gab sie bis ins Ziel nicht mehr ab.

Tom wiederum wollte sich einfach nicht geschlagen geben

und wäre beinahe ins Verderben gerannt. In seinem Bemühen, Dave die Führung doch wieder streitig zu machen, lief er über seine Verhältnisse und erlitt einen Ermüdungsbruch im Mittelfußknochen der vierten Zehe am rechten Fuß. Glücklicherweise war zu diesem Zeitpunkt Andy mit seinen beiden Arztkollegen wieder zu uns gestoßen, und sie vollbrachten wahre Wunderdinge. Sie schafften es mit tausend Tricks, Toms Fuß so zu stabilisieren, daß er weiterlaufen konnte, wenn auch unter beträchtlichen Schmerzen. 19 Tage lief der Junge mit diesem angeknacksten Fuß und hielt bis zum Ende durch. Eine unglaubliche Leistung, die er sich allerdings mit der massiven Einnahme von schmerzlindernden Medikamenten erkaufen mußte.

Die unkontrollierte Einnahme von Schmerztabletten war mir schon bei Ed in der Wüste aufgefallen, als er seine muskulären Probleme damit überspielen wollte, aber auch andere standen da nicht nach.

Tom hatte sich damit als Sieganwärter selbst ausgeschaltet, und der nächste Anwärter auf Platz eins, Richard, der seit Rennbeginn ein gleichmäßiges Tempo gelaufen war und damit einen sicher scheinenden dritten Platz einnahm, bekam plötzlich ebenfalls Probleme – Beinhautentzündungen. Innerhalb von sieben Tagen, in denen er nur mit größter Willensanstrengung überhaupt das Ziel erreichte, waren seine 19 Stunden Vorsprung auf Milan dahin.

Milan wiederum war von seiner Knöchelverletzung vollständig geheilt und nahm eiskalt seine Chance wahr. Auf dem fünften Platz liegend, gewann er nicht weniger als acht Etappen hintereinander und arbeitete sich so auf Platz zwei vor, da der knapp vor ihm liegende Ed nichts mehr riskieren wollte, um nicht noch einmal selbstverschuldet in Schwierigkeiten zu gelangen.

Mit einem Walkman versuchte Tom die Schmerzen, die ihm sein angeknackster Mittelfuß bescherte, aus seinem Bewußtsein zu verdrängen

So ergab es sich, daß Dave zwölf Tage vor New York mit nicht weniger als 18 Stunden Vorsprung vor Milan das Rennen praktisch gewonnen hatte. Dementsprechend locker ging er auch in die letzten Teilstrecken und konnte es sich leisten, diesen Vorsprung noch auf knapp sechs Stunden zusammenschmelzen zu lassen.

Kaum ging es Richard wieder besser, kehrte er zu seinem Normaltempo zurück. Er konnte Ed vom vierten Platz verdrängen und diesen gegen einen anstürmenden Emile erfolgreich verteidigen, dem es am Ende noch gelang, auch Ed zu überholen und dessen fünften Platz im Endklassement einzunehmen. Unter diesen dramatischen Umständen war Toms dritter Gesamtrang sicher eine Sensation.

Mir ist bis heute ziemlich unbegreiflich geblieben, wie diese Leute bei unserer unregelmäßigen und sicher auch ungenügenden Ernährung über so lange Zeit derartige Spitzenleistungen vollbringen konnten. Ich muß freimütig zugeben, daß ich, wann immer ich eine Teilstrecke mit der Spitzengruppe beendete, an den darauffolgenden Tagen doch einige Schwierigkeiten hatte, halbwegs mein übliches Tempo einzuschlagen.

Unsere Verpflegung bestand größtenteils nur aus allen möglichen süßen Bäckereien, also Donuts, Muffins, Cinnamonrolls, und wie dieses Zeug sonst noch heißt, oder Salzgebäck in Form von Chips, Crackers und Pretzels. Dazu gab es irgendein süßes Getränk. Wer wollte, bekam bei Dale auch noch Sandwiches mit Peanutbutter und Jelly oder Wurst. Das war's dann auch schon. War ein Abendessen organisiert, das heißt von einer örtlichen Organisation vorbereitet, gab es fast immer Spaghetti, die im Laufe der Zeit jedem schon aus den Ohren herauswuchsen. War nichts organisiert, machte man sich selbst auf die Suche und landete meist in irgendeinem Fast Food-Restaurant, weil diese am häufigsten, billigsten und zeitsparendsten waren. Natürlich gab es auch Tage, an denen wir richtiggehend verwöhnt wurden. So sponserte einmal eine örtliche Bank ein lukullisches Steakessen, und ein andermal war es ein BBQ Chicken Dinner, das uns den Tag versüßte.

Zu einer unverständlichen Entgleisung kam es eines Abends durch Serge. Wir waren Gäste in einer Schule. Eine örtliche Glaubensgemeinschaft hatte zum Buffet geladen. Warme und kalte Sachen, Vor- und Nachspeisen gab es in Hülle und Fülle, als Serge hereinplatzte, das Buffet inspizierte, eine wegwerfende Handbewegung machte, laut und deutlich „Merde" rief und darauf bestand, Hamburger, Coca

*Helmut ist die
Begeisterung, daß
es schon wieder
Spaghetti gibt,
deutlich anzusehen*

Cola und Icecream zu erhalten. Wir waren alle konsterniert. Doch was taten die braven Leute? Die fuhren prompt in die Stadt und besorgten ihm das Gewünschte. Wir haben uns an diesem Abend alle für ihn geschämt. Serge hat einiges an Sympathie bei uns eingebüßt.

Organisation Zero

Die Schwachstelle in diesem längsten Rennen der Welt war zweifellos die Rennleitung und damit die Gesamtorganisation. Es ist einfach nicht möglich, ein solches Rennen nur mit zwei, respektive drei Leuten zu organisieren und durchzuführen. Ich weiß nicht, was sich Michael und Jesse dabei gedacht hatten, aber ich hatte immer das Gefühl, die beiden waren der Meinung, wenn in Huntington Beach das Startkommando erklungen und das Rennen in Gang gesetzt war, dann würde es sich schon bis nach New York bewegen. Barry als der dritte Mann war schlicht überfordert von der Fülle unerledigter Aufgaben, die angeblich aber bereits erledigt sein sollten. Nicht weniger als dreimal kam ihm seine Frau Lisa zu Hilfe. Ich glaube, er hätte sonst mit Bestimmtheit irgendwann durchgedreht und das Rennen verlassen. Als sich im Laufe des Rennens immer mehr herauskristallisierte, daß die mangelnde Verpflegung das Hauptübel darstellte, stellten sich Jesse und Michael taub und verwiesen auf die Ausschreibung („Wir haben euch nichts versprochen."). Das veranlaßte mich einmal zu bemerken, daß Transam '92 anscheinend ein Rennen gegen die Teilnehmer ist. Emile und Serge sprachen von „Organisation Zero" und hatten damit in einigen Bereichen sicher recht. Andy und sein Team hatten ein ganzes Netz medizinischer Betreuung aufgebaut, das jederzeit eingegriffen hätte, wenn man verständigt worden wäre. Von Las Vegas bis nach Indiana, wo Andy mit seinen beiden Kollegen wieder für einige Tage zu uns stieß, war nur ein einziges Mal ein telefonischer Hilferuf ergangen.

„Die Hälfte der ausgefallenen Läufer könnte noch im Rennen sein, wenn man unsere Leute verständigt hätte", schimpfte er verbittert.

Meiner Meinung nach müßte bei einem Rennen solcher Dimension ohnedies ständig ein Rennarzt und ein Team von Masseuren zugegen sein. Wie leicht die Misere mit der Verpflegung zu lösen gewesen wäre, demonstrierte uns Ed einige Male. Im Ziel angekommen, klemmte er sich hinter das Telefon, rief Pizza Hut in der Stadt an, und kaum eine Stunde später schwelgte die ganze Truppe in Gratispizzas.

Statt sich um diese meiner Meinung nach essentiellen Probleme zu kümmern, zogen es Michael wie Jesse vor, kaum daß der erste Läufer das Ziel passiert hatte, sich irgendwohin zurückzuziehen, und oft waren sie den gesamten Abend nicht mehr gesehen.

Barry sagte mir einmal ganz verzweifelt, weil wieder mit irgendeinem Nachtquartier etwas nicht funktionierte, man habe ihm versichert, daß mehr als 50 Unterkünfte vertraglich fixiert seien, doch er mußte dann erkennen, daß es kaum 15 waren.

Worunter wir alle litten, war auch der fehlende Informationsfluß. Es gab kaum einen Tag, an dem wir vor dem Start ausreichende Informationen über das zu erwartende Essen oder das Nachtlager erhielten. Verständlich, wenn erst im letzten Augenblick etwas arrangiert werden mußte, aber einigermaßen peinlich, wenn nicht einmal die Rennleitung Auskunft geben konnte, was die Läufer am jeweiligen Ziel erwartet.

Den Gipfel an Uninformiertheit stellte sicher Jesse dar. Einmal war Michael bereits wieder mit dem Truck unterwegs, und ich konnte das Gepäck nicht finden, also fragte ich Jesse, wo man es abgeladen habe. „Das Gepäck? Hm, eine gute Frage", war seine ganze Antwort.

So verwunderte es niemanden, daß schließlich mit Runner's World der Sponsor nicht nur eingriff, sondern eigentlich das gesamte Rennen übernahm und die beiden Rennmanager nur mehr physisch anwesend waren, während alles

Mit diesem Truck wurde das gesamte Gepäck aller Teilnehmer von Etappe zu Etappe befördert

andere mehr oder minder von Runner's World gemanagt wurde.

Es wäre aber auch unfair, nur die negativen Seiten zu sehen. Ich habe es schon im Vorwort gesagt, ohne Michael und Jesse gäbe es dieses Rennen nicht. Allein dies hebt sie aus der Masse hervor, und die Arbeit, die beide bewältigen mußten, bevor das Rennen überhaupt gestartet werden konnte, läßt sich wahrscheinlich von Außenstehenden gar nicht ermessen. Wenn man ganz ehrlich ist, muß man zugeben, daß alles, was in der Ausschreibung stand, auch eingehalten wurde. Der Kapitalfehler bestand darin, daß sie nicht reagierten, als sich herausstellte, daß die von ihnen aufgestellten Bedingungen sich als untragbar erwiesen. Aufgrund der fehlenden finanziellen Grundlage – Runner's World und Gatorade hatten kein Bargeld eingebracht – bedeutete jeder ausgeschiedene Läufer eine Verringerung der finanziellen Belastung für sie. Derartiges Denken darf doch nicht zur Grundüberlegung für ein Rennen dieser Art werden. Auf der anderen Seite wurden Dinge zuwegegebracht, über die man nur staunen konnte. Die Strecke war exakt vermessen, die Turnsheets peinlich genau und die Labestationen waren immer ausreichend ausgestattet. Auch die Beförderung des Gepäcks funktionierte klaglos. Nie ging dabei etwas verloren.

Wann kommt die nächste Kurve?

Ich blicke auf die Uhr. Schon fast Mittag. Die nächste Labestation konnte nicht mehr weit sein. Michi kommt mir entgegengefahren, und als hätte er meine Gedanken erraten, sagt er: „Der 40er ist gleich da vorn auf der nächsten Kuppe."

Ich hebe den Kopf. Endlos zieht sich das schmale Asphaltband des Highways über mehrere flache Erhebungen und löst sich in der Ferne am dunstigen Horizont irgendwo in Nichts auf. Schon vierzig Meilen (fast 65 km) liegen heute hinter uns. Immer noch zieht sich die Straße schnurgerade dahin. Seit Denver eigentlich das gleiche Bild: Wiesen, Weiden und Felder wechseln einander beiderseits der Straße ab, wir rollen über endlose flache Wellen wie über einen erstarrten Ozean dahin. Hin und wieder einzelne Häuser, meist in einiger Entfernung inmitten des satten Grüns der Landschaft, alle dreißig, vierzig Kilometer ein winziges Städtchen, und selbst durch diese Ortschaften verläuft das Asphaltband meist wie mit einem Lineal gezogen. Wann immer du deinen Blick nach vorn wandern läßt, das gleiche Bild: unendliche, grenzenlose Weite, die dich fast verzagen läßt. Die Verpflegungsstationen mit den angegebenen Entfernungsangaben sind der einzige Anhaltspunkt, daß du dich doch vorwärts bewegst. 65, 70, 75 Kilometer, mein Gott, wann kommt denn wenigstens die nächste Kurve?

Alle möglichen Tricks wurden angewendet, um an den endlosen, schnurgeraden Straßen des Mittelwestens nicht zu verzweifeln. Hier versucht es Stefan mit Lesen

Celine – oder wahre Liebe kann Wunder wirken

Celine aus Quebec, Kanada, war die einzige im Teilnehmerfeld, die sich gleich bei ihrer Anmeldung in die Journey Division hatte eintragen lassen. Wie sich später herausstellte, war sie die Lebensgefährtin von Paul, den sie bis nach New York begleiten wollte.

Die Geschichte ihrer Bekanntschaft ist eine einzige Lovestory: Am Freitag, dem 13. Februar 1981, begab sich Paul, der geschäftlich in Quebec weilte, zu einer Bushaltestelle und sah dort eine Frau warten. Er fragte sie, ob sie noch lange auf den Bus würden warten (wait) müssen, und Celine, die damals fast kein Englisch sprach, antwortete, ja, sie hätte auch noch einen langen Weg (way). So kam man ins Gespräch, aus Bekanntschaft wurde Freundschaft, aus Freundschaft schließlich Liebe. Celine lebt auch heute noch in Quebec, Paul seit 1985 wieder in New York. Zu den Wochenenden besucht man einander. Der Urlaub wird auf die gleiche Art verbracht. Durch Paul hatte auch Celine mit dem Laufen begonnen, war aber noch nie eine längere Strecke als 10 Meilen (16 km) gelaufen. So geschah es auch im Rennen. Celine startete am Morgen mit allen anderen, mit Paul an ihrer Seite. Nach 10, manchmal 15 Meilen beendete sie ihren Lauf, stieg in ein Betreuerauto und ließ sich ans Ziel fahren, während Paul sein Rennen fortsetzte und Etappe um Etappe zurücklegte, bis ihn so wie mich eine Beinhaut- und Sehnenscheidenentzündung aus dem Rennen warf. Kaum war Paul aus dem Rennen, beendete auch Celine ihr Laufen, um wieder damit zu beginnen, als auch Paul ins Rennen zurückkehrte. Anders als ich begnügte sich aber Paul damit, meist nur mehr Teilstrecken der einzelnen Etappen zu absolvieren und sich mehr als Helfer auf der Strecke zu betätigen. Ihren ersten großen Auftritt hatte Celine auf der Strecke Newman – Rockville, auf der wir die Grenze zwischen Illinois und Indiana passierten, als sie mit 26,2 Meilen oder 42,195 km ihre erste Marathondistanz bewältigte. Dies gab ihr solchen Auftritt, daß sie schon drei Tage später die gesamte Etappe von Cambridge City in Indiana nach Lewisburg, Ohio, mit immerhin 34 Meilen (rund 55 km) zurücklegte und damit sogar ihre erste Ultradistanz lief. Damit schien sie ihr persönliches Ziel erreicht zu haben und war bis zum Ende zusammen mit Paul nur noch in der Organisation tätig.

Celine und Paul,
die sich beide am
Ende nur noch als
Helfer in der Orga-
nisation betätigten

Die Gefahren der Straße

Wir waren angewiesen, immer auf der linken Straßenseite zu laufen, um den Verkehr im Auge zu haben und notfalls rechtzeitig reagieren zu können. Solange wir im Westen teilweise auf den breiten Interstate Freeways mit ebenso breiten Parkstreifen unterwegs waren, war auch das Laufen am frühen Morgen in der Dunkelheit kein Problem. Dazu war der Verkehr eigentlich bis über die Rocky Mountains nicht dramatisch. Unangenehm waren nur die riesigen Fernlastzüge, die uns mit ihren gewaltigen Druckwellen beinahe in den Straßengraben zu schleudern schienen. Meist waren die Fahrer aber so verständnisvoll und wichen auf die zweite Spur aus, hupten und winkten aus dem Führerhaus. Dies änderte sich jedoch zunehmend, je weiter wir nach Osten vordrangen. Der Verkehr nahm zu, die Straßen wurden schmaler und die Lenker immer unfreundlicher. Kaum einer, der auswich, und nicht selten mußten wir Zuflucht im Straßengraben suchen.

Als besonders unangenehm empfanden wir nun die Fernlaster. Durch den häufigen Regen war die Straße fast immer naß, und jedes dieser Ungetüme verpaßte uns beim Vorbeifahren eine Gischtdusche aus Dreckwasser, auf die wir liebend gern verzichtet hätten. Dazu kam, daß in der Dunkelheit und im Nebel, der immer öfter unser Begleiter bis in die späten Morgenstunden wurde, auch den Autofahrern die Sicht genommen war und sie uns unverschuldet meist erst spät wahrnahmen. Ein Nebeneinanderlaufen war praktisch unmöglich und volle Konzentration unabdingbare Voraussetzung, denn die Lenker, die wie wir am frühen Morgen unter-

113

Kein leichtes Leben für die Läufer auf den Straßen des Ostens. Nur selten wichen mir die riesigen Fernlaster so wie dieser aus

wegs waren, waren bestimmt genauso müde wie wir. Wie durch ein Wunder ist auf der gesamten Strecke nicht ein einziger nennenswerter Unfall passiert.

Die kleineren Zwischenfälle, die sich dennoch ereigneten, hätten fatal enden können, verliefen aber alle glimpflich. In den Städten benutzten wir schon aus Selbstschutz meist die Gehsteige, nur in größeren Orten wählten die meisten doch den äußersten Rand der Straße, da das ewige Auf und Ab bei den Randsteinen bei jeder Hauseinfahrt oder Kreuzung ständig eine unangenehme Unterbrechung des Laufrhythmus mit sich brachte. So lief auch ich in Denver hart am Straßenrand, als mir ein Bus entgegenkam, der ebenfalls ganz nahe am Rand fuhr. Also machte ich den Schritt über den Randstein, verschätzte mich aus Müdigkeit offenbar, kam ins Stolpern und wäre unweigerlich unter die Räder des Busses gekommen, wenn der Fahrer nicht eine Schnellbremsung eingeleitet hätte. Ich war zwar mit dem Schrecken davongekommen, aber die nächste Viertelstunde zog ich es vor, zu gehen, bis ich mich so halbwegs erholt hatte und meine Knie nicht mehr zitterten.

Eine weitere Gefahr war jede Kreuzung, bei der der Autofahrer nur nach rechts in die Hauptstraße einbiegen durfte, denn dann schaute er natürlich nur nach links, da ja von rechts kein Verkehr zu erwarten war. Wir aber kamen von rechts. Prompt wurde einmal John Wallis und später auch noch Milan bei solchen Kreuzungen von anfahrenden Fahrzeugen fast umgefahren. Milan erlitt dabei eine schmerzhafte Prellung seines linken Unterarms. Es war fatal. Dem Autofahrer konnte man kaum Schuld geben, und wir sind eigentlich gewohnt, vor dem Anfahren auf beide Seiten zu blicken. Von da an liefen wir meist hinter den Autos vorbei.

Den Regeln zufolge mußten wir uns an die Straßenverkehrsordnung halten, das heißt etwa bei Ampeln, die auf Rot standen, die nächste Grünphase abwarten. Wann immer es nur möglich war, wurde dies von allen Läufern eigentlich konsequent ignoriert. Der Grund ist einfach der: Kaum ein Läufer haßt etwas mehr, als durch irgendwelche Hindernisse in seinem Laufrhythmus gestört zu werden. Fast immer blieben die Autofahrer stehen, um uns durchzulassen, nur im Osten mußte man etwas vorsichtiger sein, da herrscht auf Kreuzungen das Gesetz des Stärkeren.

Noch 1000 Kilometer bis New York

Wir überqueren den Illinois River zwischen Pittsfield und New Berlin, den Ohio bei Wheeling und stellen plötzlich fest, daß es nur noch zwei Wochen bis nach New York sind. Sieben Wochen und mehr als 3700 Kilometer liegen bereits hinter uns. Alle sind überzeugt, wenn nichts Außergewöhnliches eintritt, werden alle, die noch im Rennen sind, auch das Ziel in New York erreichen. Aber noch liegen einige Hindernisse auf dem Weg dorthin vor uns.

Seit Illinois säumen immer mehr Bäume die Landschaft, die unermeßlichen Gras- und Feldfluren werden zunehmend aufgelockert, und zum erstenmal seit unserem Start vor fast zwei Monaten können wir zeitweise auch den Schatten von Bäumen genießen. Denn auch im Gebirge hatten wir keinen Schatten entlang des Weges gefunden, dazu waren die Bäume zu weit von der Fahrbahn entfernt.

Der erste Wald, den wir durchqueren, kündigt uns auch schon das Nahen der letzten Bergketten vor dem Atlantik an. Vor uns ragen die Allegheny und die Blue Ridge Mountains

*„Die sind ja verrückt mit all diesen Hügeln", scheint Stefan
zu sagen*

in den Himmel. Sicher nicht mit dem Felsengebirge zu vergleichen, aber jetzt am Ende unseres langen Laufs werden
uns die langgezogenen Steigungen wie auch die Gefälle-
strecken nochmals alles abverlangen.

Wir sind es inzwischen gewohnt, daß uns alle möglichen
Stellen meist schon permanent schmerzen, niemand klagt
mehr. Jeder weiß, daß dies die normale Reaktion des Körpers
ist. Laufen mit Schmerzen ist zur Routine geworden, man
weiß, daß diese Beschwerden zu ertragen sind, daß sie das
Laufen selbst nicht beeinträchtigen, daß sie nur aus dem
Kopf verdrängt werden müssen, dann spürt man sie kaum. Es
ist ein gänzlich anderes Laufen als bei irgendeinem Straßen-
rennen zu Hause, wo viele nach den ersten Beschwerden
aufgeben, weil sie fürchten, die vorgenommene Zeit nicht zu
schaffen, hier spielt die Etappenzeit eine untergeordnete Rolle, das erste Ziel heißt ankommen. Nur das bestimmt die Ein-
stellung jedes einzelnen. Welch Glück, daß nach den drei
Tagen der Hitze und Schwüle wieder kühles und regneri-
sches Wetter herrscht. Das sollte uns noch bis knapp vor New
York begleiten und die langen kräfteraubenden Etappen
über das Appalachengebirge doch ein wenig erleichtern.

Die Überraschungen reißen nicht ab

Zwischen Reynoldsburg und New Concord in Ohio erwischen uns einmal gleich drei Gewitter hintereinander. Ich habe Glück, gleich am Anfang des ersten Wolkenbruchs bei einer Bushaltestelle ein Wartehäuschen zu finden, das mir und Michi Schutz vor den geöffneten Schleusen des Himmels gewährt. Wir sind beide bereits bis auf die Haut durchnäßt. Aber es ist allemal noch besser, hier den ärgsten Regen vorbeigehen zu lassen, als draußen gänzlich ungeschützt den Unbilden der Natur ausgesetzt zu sein.

Wieder einmal gehen meine Gedanken um einige Tage zurück. Im Ziel in Lewisburg war eine Frau auf mich zugekommen und hatte mich zu meiner Verblüffung auf deutsch angesprochen: „Du bist bestimmt der Linzbichler."

Ich bejahte und dürfte nicht sehr geistreich dreingeschaut haben, denn sie lächelte leicht und meinte: „Erinnerst du dich noch an Boston?"

Da fiel bei mir der Groschen. Ich hatte 1991 am Boston Marathon teilgenommen. Mitten auf der Strecke klopfte mir damals jemand auf die Schulter und fragte mich, ob ich wirklich aus Österreich komme, da ich ein Leibchen mit dem Aufdruck „Österreich" trug. Im Laufe unseres kurzen Gesprächs damals hatte sich herausgestellt – oh, wie klein doch diese Welt ist! – daß sie eine Schulkollegin meiner Frau war und seit vielen Jahren in den USA lebt. „Mein Gott, Ingrid, mit allem hätte ich gerechnet, aber nicht, dich hier wiederzutreffen", war alles, was ich hervorbrachte. Sie hatte in der Zeitung meinen Namen gelesen, und nachdem ihr Laufclub uns alle zu einem Dinner à la carte einlud, wollte sie die Gelegenheit nicht versäumen, unsere Truppe zu sehen und mich zu treffen.

Das Dinner wurde zum lukullischen Mahl und wird auch beim ansässigen Laufclub noch lange in Erinnerung bleiben, denn unser Hunger kannte wahrlich keine Grenzen, weil es halt an der Verpflegung während des Rennens mangelte.

„Und jetzt rufen wir deine Frau an." Ingrid zückte eine Telefonkarte, und wenige Augenblicke danach hörte ich die verschlafene Stimme meiner Frau, die aus allen Wolken fiel, als ich ihr die Situation schilderte. Zudem war es in Österreich ein Uhr nachts.

Tags darauf tauchte Ingrid mitten auf der Strecke auf. Wir verladen Michis Rad, er setzt sich ans Steuer und Ingrid läuft an die 25 Kilometer an meiner Seite mit. Auf keiner Etappe ist mir die Strecke so kurz vorgekommen wie an diesem Tag. Ingrid hatte so viel zu erzählen, wollte so vieles wissen – die Kilometer schmolzen wie Eis in der Sonne. Was für eine prächtige Frau.

Michi stößt mich leicht an. Es hat fast zu regnen aufgehört. Ein tiefer Seufzer entringt sich meiner Brust, als wir uns beide wieder auf die Strecke begeben.

Anderntags laufe ich ein langes Stück mit Milan an der Spitze, bis ich sein Tempo nicht mehr halten kann und zurückfalle. Schließlich werde ich wenige Kilometer vor dem Ziel von Emile eingeholt; gemeinsam spulen wir den Rest der Strecke herunter.

Emile ist voller Aggressionen. Jedem Auto, das nicht auf die zweite Spur wechselt, droht er, zeigt dem Fahren mitunter den Vogel. Einmal kommen uns einige Kinder auf Fahrrädern entgegen. Schon von weitem ruft er ihnen zornig zu: „Paßt auf, wo ihr fahrt, weg mit euch, verschwindet!" An einer Kreuzung wird es ganz arg, da droht er dem Fahrer mit der Faust, brüllt ihm einige unschöne Ausdrücke durch die offene Scheibe zu, daß der arme Kerl ganz erschreckt dreinschaut und schleunigst Gas gibt.

Emile hatte immer wieder die mangelnde Organisation lautstark kritisiert und jetzt nur noch im Sinn, es den Amerikanern zu zeigen. Dabei lebt er in New York und müßte eigentlich mit den Verhältnissen besser zurechtkommen.

Vollends drehte er nach der Etappe nach St. Clairsville, Ohio, durch. Richard, wieder genesen, gewann, Emile wurde ganz knapp dahinter Zweiter. Danach ging es rund. Erst beschwerte er sich bei mir, daß Richard nur gewonnen habe, weil er Shelly als Schrittmacher neben sich gehabt habe. Dann brüllte er Barry und Bill an, die beide ganz verdutzt dastanden und keine Ahnung hatten, worum es eigentlich ging. Schließlich stritt er noch den ganzen Abend mit Jesse. Dabei hatte Emile diesmal wirklich unrecht. In der Ausschreibung war sogar eigens angeführt worden, daß jeder Läufer so viele Pacer (Schrittmacher) wie möglich mitbringen solle, und die Stage Runners waren im Grunde ja auch nichts anderes als Schrittmacher für ihre jeweiligen Freunde oder Bekannten im Teilnehmerfeld.

Als Emile am Start des darauffolgenden Morgens nochmals mit Jesse zu streiten beginnen wollte, da erwiderte ihm dieser beinhart: „Die Regeln habe ich aufgestellt, und Pacer sind erlaubt. Wenn dir etwas nicht paßt, dann pack deine Sachen und verschwinde."

Das war zwar auch nicht gerade die feinste Art, aber es wirkte. Emile blieb vor Überraschung der Mund offen, es hieß „Go!", das Feld setzte sich in Bewegung. Die Sache war erledigt.

Je näher New York kommt, desto mehr Unterstützung erfahren einzelne Läufer. Besonders Tom, nach wie vor mit seinem angeknacksten Fuß nur mit beachtlichen Schmerzen laufend, erfährt Hilfe, wo immer möglich. Sicherlich trägt es dazu bei, daß er aus Pennsylvania stammt. Einmal ziert sogar ein Transparent „Go Rogo, go" den Straßenrand. Auch für Marty treten immer mehr Helfer auf den Plan.

Mit dem Eintritt nach Pennsylvania sind die Uhren ein letztes Mal vorzustellen, wir haben die Atlantic Time Zone überschritten, unsere Uhren ticken bereits nach New Yorker Zeit. Dafür serviert man uns als nächste Überraschung noch eine nicht geplante 100-km-Etappe, gerade beim Eintritt nach Pennsylvania. Damit hat nun wirklich niemand mehr gerechnet. Es wird die vielleicht schwierigste Teilstrecke überhaupt. Schlechtwetter und grausam viele, zum Teil auch steile Hügel verlangen uns das Letzte ab.

Nur das Ziel ist für alle das gleiche

Helmut, Stefan und Milan haben mir in so manchem Gespräch viele Tips und Tricks aus der Welt der Ultraläufer verraten. Trotz ihrer relativen Jugend sind Stefan (30) und Milan (32) erfahrene Langstreckenläufer, die auf eine beachtliche Liste von erfolgreich absolvierten Ultrarennen verweisen können. Helmut ist einer der besten 24-Stunden-Läufer der Welt überhaupt. Keine drei Wochen vor Beginn unseres Rennens war er noch Europameister im 24-Stunden-Lauf mit über 255 zurückgelegten Kilometern geworden.

Seine Teilnahme war fast bis zum Starttag ungeklärt, der Poststreik in Deutschland hatte jede Korrespondenz mit dem Veranstalter abgewürgt. Also setzte sich Helmut aufs Geratewohl ins Flugzeug, flog nach Los Angeles, platzte bei der Rennleitung mit der Tür ins Haus und schuf dabei nochmals einige Verwirrung. Als er sich nämlich als Helmut vorstellte, dachten Michael und Jesse, es mit mir zu tun zu haben. Erst als im Gespräch das Team zur Sprache kam und Helmut meinte, er habe gar kein Team, klärte sich dieser Irrtum auf. Weil man ihn für den Poststreik nicht gut bestrafen konnte,

Milan, Helmut und Stefan (von links) haben schon viele gemeinsame Ultraläufe bestritten

erhielt er auch gleich eine Startgenehmigung. Da er zur Zeit arbeitslos ist ("Ohne Unterstützung von Vater Staat, darauf lege ich Wert."), ist er praktisch Profiläufer. Er hat bereits 1971 nur in Begleitung seiner Frau die USA einmal zu Fuß durchquert, ebenfalls von Los Angeles nach New York, aber auf einer etwas südlicheren Route. Nach eigenen Aussagen

Helmut ist einer der besten 24-Stunden-Läufer der Welt. Nur drei Wochen vor dem Transamerikalauf war er noch Europameister in dieser Disziplin geworden

ist er damals den größten Teil der Strecke gegangen und benötigte für die 4656 Kilometer 59 Tage, 10 Stunden und 20 Minuten. Seit damals hoffte er, daß es einmal ein echtes Rennen gäbe. Deshalb setzte er auch alles daran, hier mitmachen zu dürfen. Für ihn war jeder Tag ein Arbeitstag. Er nahm die Streckenbeschreibung zur Hand, rechnete sich seine ungefähre Laufzeit aus und sagte dann: „Das wird heute ein 6-, 8- oder 10-Stunden-Arbeitstag", je nach Länge der Etappe.

Anders Stefan, der ebenfalls Profiläufer ist, das Laufen zu seiner Religion gemacht hat und im wahrsten Sinne des Wortes „laufend" durch die ganze Welt tingelt. Die exotischsten Rennen sind gerade die richtigen für ihn, und wenn gerade keins in „Laufweite" ist, dann muß es halt ein gewöhnliches Sechs-Tage-Rennen tun.

Beide reden gern und viel, Helmut mit trockenem Humor, Stefan liebt eher kernige Aussprüche. „Nur wenn du Schmerzen spürst, weißt du auch, daß du noch lebst", lautet einer seiner Lieblingssprüche. Wenn das stimmt, dann mußten wir wohl alle noch quicklebendigst gewesen sein. Helmut macht während des Tages kaum jemals einen Stopp, Stefan wiederum liebt längere Pausen. Milan ist eher ein ruhiger Typ, aber wenn er einmal in Fahrt war, konnte man sich mit ihm totlachen, allein sein Schweizer Dialekt bewirkte das schon. Er ist der geborene Schauspieler, der, wenn ihn einmal etwas zwickte, eine Leichenmiene zur Schau tragen konnte, daß man meinte, er würde am Sterben sein. Auch er brauchte keine langen Stopps und trank am liebsten Cola. Welch hervorragender Läufer er ist, zeigte sich, als er acht Teilstrecken hintereinander gewann und sich vom fünften noch auf den zweiten Gesamtrang emporarbeitete.

Überhaupt war zu erkennen, daß das Laufverhalten der Teilnehmer so verschieden wie Tag und Nacht war.

Dave lief fast immer sein gleichmäßig hohes Tempo, hatte das Rennen generalstabsmäßig geplant und siegte schließlich hochverdient. Er hielt klug mit seinen Kräften haus, scherte sich nicht um seine Gegner, gab kampflos die Führung ab, als er Knieprobleme hatte, und war nie ernstlich gefährdet, das Rennen aufgeben zu müssen.

Tom, genannt Young Stallion, galoppierte ohne Rücksicht auf Verluste im Überschwang seiner unerschöpflichen jugendlichen Kräfte und wäre ohne die Hilfe des zufällig rechtzeitig auftauchenden Ärzteteams wohl sicher in sein Verderben galoppiert.

Ähnlich auch Ed, der am Anfang alles niederreißen wollte,

So schlecht, daß Richard sie gar „erschießen" wollte, waren Shellys Dienste sicher nicht. Ganz im Gegenteil, ohne sie wäre Richard wahrscheinlich nicht durchgekommen

Peter, der Unberechenbare, stürmt wieder einmal allen davon

nach seinem Fastausfall in der Wüste aber die Lektion lernte und danach lange Zeit eher bedächtig lief. Erst zum Schluß legte er wieder zu, ließ sich aber auf keinen Zweikampf mit Emile ein und überließ diesem kampflos Platz 5. Sein Spitzname war „Hollywood", weil er erstens dort lebt und zudem vom Typ her eine gewisse Ähnlichkeit mit Omar Sharif hat.

Richard lief eigentlich bis zu seiner Verletzung immer ein gleichmäßiges Rennen an der Spitze, ohne allerdings eine Etappe zu gewinnen. Dies gelang ihm erst ziemlich am Ende und war die Ursache für den unseligen Streit zwischen Emile und der Rennleitung. Er hatte zweifellos Glück, daß er seine Verletzung verkraften konnte, es hätte für ihn auch anders ausgehen können. Mit Shelly hatte er eine aufopfernde Begleitung gefunden, die mit ihrem stets heiteren Wesen und jugendlichen Charme die Herzen aller erobert hatte. Richards Kosename war Whippet, was soviel wie Kreuzung zwischen Windhund und Terrier bedeutet.

Emile, genannt „El Diablo", sowohl wegen seines Aussehens als auch wegen seiner Aggressionen, begann das Rennen sicher für seine Verhältnisse zu langsam. Er kümmerte sich allerdings anfänglich auch um Serge, bis ihm dessen ewige Schimpferei eines Tages auch zuviel wurde und er Serge seinem Schicksal überließ. Emile hatte am Ende nur mehr ein Ziel vor Augen: so viele Amerikaner wie möglich noch zu überholen. Ich habe selten einen solch haßerfüllten Läufer wie ihn gesehen. Alles, was mit der Rennleitung auch nur im entferntesten zusammenhing, war ein rotes Tuch für ihn.

Peter war der einzige Läufer, den niemand richtig einordnen konnte. Mal gewann er eine Etappe, dann war er wieder am Ende des Feldes zu finden. Er sprach eine Art Cockney-Englisch, das alle, Amerikaner wie Nichtamerikaner, zur Verzweiflung brachte. Er schien es aber zu wissen, denn es störte ihn in keiner Weise, wenn er alles zwei- und dreimal sagen mußte, weil ihn beim erstenmal niemand verstanden hatte. Sein Spitzname war „Alien Warrior", also außerirdischer Krieger. Diese Bezeichnung verdankte er seiner Aufmachung gleichermaßen wie seinem Laufstil. Er führte eigens ein Leinentuch mit sich, aus dem er sich in regelmäßigen Abständen Teile herausschnitt, die er an seiner Kappe als Nackenschutz befestigte. Diese Aufmachung trug er allerdings auch bei Regen und Nebel, sie war also nicht nur als Sonnenschutz gedacht. Dazu schmierte er sich Gesicht und Beine jeweils dick mit einer weißen Creme ein und trug fast immer Seidenhemden und statt Laufsocken grundsätzlich

„Easy Going"
wurde Marty ge-
nannt, weil es
schien, als würde
er den Asphalt
beim Laufen kaum
berühren

Nylondamenstrümpfe. Den linken Arm winkelte er beim Laufen ab, der rechte ruderte ziemlich unkontrolliert herum – ein Bild für Götter.

Marty wurde „Easy Going" und „Fly Killer" genannt. Zum einen, weil er nie auch nur einen Deut schneller lief und über den Straßenbelag zu schweben schien, zum anderen, weil er der erste war, der sich eine Fliegenklatsche besorgt hatte und zu einem unerbittlichen Fliegenjäger avancierte.

John Wallis war „John Relentless", der Mann, für den es kein Aufgeben gab, der aber auch nie klagte, egal, was ihn gerade schmerzte oder behinderte, und er hatte eine ganze Menge von Verletzungen zu überwinden. Ein sympathischer, ruhiger, immer freundlicher Gefährte, wie man sich keinen besseren in solch einem Rennen wünschen konnte. Er konnte Laufen und Gehen wie kein zweiter verbinden.

John (Sudryk) war unzweifelhaft der Aufsteiger des Rennens. Sein Markenzeichen war ein Campingsessel in Dales Fahrzeug, der ihm bei jeder Pause von Dale hingestellt werden mußte. Er war sich bis weit nach der Hälfte des Rennens eigentlich noch nicht im klaren, ob er es durchstehen könne,

John Wallis, der immer die Freund- lichkeit in Person war, wechselte ständig zwischen Laufen und Gehen, was ihm den Spitznamen „John Relentless" (der Unaufhaltsame) eintrug (Foto: Barry Lewis)

Peter und John auf dem Weg ins Ziel von South Orange, dem letzten Etappenort vor New York

und jeden Abend fast erstaunt, es wieder geschafft zu haben. Er duellierte sich lange Zeit um die Ehre des letzten Platzes mit Serge, bis er irgendwann einmal zu realisieren schien, daß er von Tag zu Tag besser in Schuß kam. Von da an ging es plötzlich mit ihm bergauf, und hatte er am Anfang die Sollzeit oft nur um wenige Minuten unterbieten können, kam er auf den letzten Etappen bis zu dreieinhalb Stunden vor Zielschluß daher. Das trug ihm schließlich auch den Namen „Sasquatch Bull", ein Wesen halb Mensch, halb Tier, also eine Art Yeti, ein.

Serge schließlich hatte im Verlauf des Rennens aufgrund zahlreicher Zwischenfälle so viele Scherznamen auf sich vereinigt, daß gar nicht alle angeführt werden können. Er lief aus Wohltätigkeitsgründen und wollte um jeden Preis in der Competitive Division ans Ziel. Was er auf sich nahm, ist unbeschreiblich. Er kam ständig als einer der Letzten ins Ziel, bekam schon nach den ersten Tagen alle möglichen Beschwerden, benötigte jeden Tag Olivers Hilfe und brachte diesen damit beinahe zur Verzweiflung. An den Tagen, an denen Andy und sein Team anwesend waren, beschäftigte er mit Sicherheit alle drei Ärzte. Er sprach wie gesagt kein Englisch, verirrte sich immer wieder, brauchte ständig Hilfe von irgend jemandem und schaffte doch täglich aufs neue das Zeitlimit, dabei hätte auf ihn wohl niemand auch nur einen Pfennig gesetzt. Leider hat er seine heroische Leistung durch unverständliches Verhalten sehr getrübt. Nach der leidigen Geschichte mit dem Sonderabendessen hatte er den Namen „Mon. Hamburger" erhalten. Der Name, der aber sicher am besten auf ihn paßte, war unzweifelhaft „To lose le trek". Dazu muß man wissen, daß Serge aus Toulouse stammt, woher auch der bekannte Maler Toulouse Lautrec kommt, und daß to lose verlieren sowie le trek der Pfad bedeutet.

Natürlich bin auch ich nicht ohne Spitznamen davongekommen. Da alle über meine bergsteigerische Vergangenheit aus dem Personenbeschreibungsblatt Bescheid wußten, war ich anfangs der „Mountain Man", dem nach meiner Erklärung, ohne Frühstück gebe es kein Rennen, prompt die Bezeichnung „Mr. Breakfast" folgte. Die Kosenamen stammten übrigens ausnahmslos aus dem Munde von Al, der damit bewies, daß er nicht nur ein herausragender Läufer ist.

Romantik im Regen

Wieder einmal sind die Aussichten auf ein Frühstück nicht sehr rosig, da überrascht uns Celine mit der Ankündigung, sie habe ein Restaurant gefunden, das extra für uns in der Früh liefere. Bestellungen sind bei ihr abzugeben.

Das bestellte Essen kommt tatsächlich, ich brauche also keine Extrapause auf der Strecke einzulegen. Das ist sogar eine glückliche Fügung, denn es stellt sich heraus, daß die 70 Kilometer von Monongahela nach Ligonier eine einzige Hochschaubahn sind. Da wäre ein Hintennachlaufen noch beschwerlicher als sonst gewesen. In Ligonier erhalten alle Läufer plötzlich neue Leibchen – Fernsehen ist angesagt und soll uns angeblich den ganzen nächsten Tag bis nach Schellsburg begleiten. Aber das Wetter ist so mies, daß sich die Leute von ABC schon bald wieder verabschieden.

Noch ein letztes Mal wird auf einem Campingplatz übernachtet, allerdings nicht in Zelten, sondern in Holzhütten, in denen Etagenbetten eingerichtet sind. Es gibt sogar eine warme Dusche und einen offenen Kamin, der bald umlagert wird, denn es ist kalt geworden. Zwar hat es aufgehört zu regnen, aber dafür ist leichter Wind aufgekommen, der die Tropfen von den nassen Blättern schüttelt, welche die ganze Nacht über wie ein Trommelfeuer auf die Blechdächer unserer Hütten fallen und den meisten den Schlaf rauben.

Lisa, Barrys Frau, und auch Jane, Bills Gattin, bei Runner's World angestellt, sind eingetroffen und wollen uns die letzten Tage bis nach New York begleiten.

Es wird ein romantischer Abend am offenen Kamin, viele alte Geschichten aus dem langen Rennverlauf werden aufgewärmt, das Knistern des Feuers läßt alle näher zusammenrücken. Wir wissen, jetzt kann nichts mehr schiefgehen, das Ziel ist nur noch eine Woche entfernt. Und schön langsam werden die ersten Pläne für das Leben „danach" geschmiedet.

Aus einem Restaurant aus der Stadt wird das Abendessen angekarrt, doch auch die teilweise ausgelassene Stimmung läßt uns nicht vergessen, daß uns am nächsten Tag eine ziemlich hügelige Etappe von über 80 Kilometern erwartete. Also verkroch sich bald jeder in seinen Schlafsack.

Der nächste Tag endet in McCannelsburg, wo es zu einem lustigen Erlebnis mit Peter kommt.

Billye war zurückgekommen und wollte bis New York Dale ein wenig entlasten, gleichzeitig auch selbst wieder etwas laufen. Gemeinsam gehen wir mit ihm in ein Restaurant essen. Und siehe da, dort befand sich bereits eine größere Zahl von Läufern. In ihrer Mitte ein Einheimischer, der gerade allerlei Zaubertricks vorführte und damit alle köstlich unterhielt, bis Peter, der mit uns gekommen war, auf den Plan trat. Er erklärte rundweg, diese Tricks würde er alle kennen. Jedesmal wenn er glaubte, den Magier austricksen zu können, zeigte ihm dieser, daß seine Zaubereien doch besser waren, als Peter wahrhaben wollte. Wir haben uns fast totgelacht, aber auch Peter trug die Sache mit echt britischem Humor.

Zum letzten Mal liefen wir über historischen Boden, als wir durch die Stadt Gettysburg kamen, deren Name untrennbar mit dem Sezessionskrieg von 1861 bis 1865 verbunden ist. Hier verlor 1863 die Südstaatenarmee unter General Lee die entscheidende Schlacht gegen die Truppen der „Yankees".

Allmählich treten die Hügel zurück, der mächtige Susquehannah Fluß wird auf einer gewaltigen, über zwei Kilometer langen Brücke überquert, und wir vermeinen, New York schon in der Ferne zu erblicken.

Ich bin mehr als froh, daß die Hügeletappen ein Ende haben, denn seit mehreren Tagen plagen mich immer ärger werdende Knieschmerzen. Egal ob bergauf oder bergab, nur auf ebener Strecke bin ich halbwegs beschwerdefrei. Folglich wundert es mich gar nicht, daß ich in Kutztown, dem letzten Zielort in Pennsylvania, plötzlich auf der Nase liege, als ich mit den schmerzenden Knien eine Gehsteigkante falsch berechne. Außer einigen Abschürfungen an den Beinen und Armen ist jedoch nichts weiter passiert, aber es zeigte mir deutlich, wie ausgebrannt ich bereits war.

Das beschämende Ende

Runner's World lädt am Abend der drittletzten Etappe zu einem vorgezogenen Abschlußabend in die Mensa der Universität von Kutztown ein. Auch George Hirsch, der Herausgeber des Laufmagazins, ist anwesend, und an alle Läufer werden Geschenke verteilt: Reisetaschen mit verschiedenen Leibchen und ein Erinnerungsteller, zur Verfügung gestellt von den örtlichen Stadtvätern. Runner's World ahnt wohl, daß der neutrale Boden von Kutztown dafür besser geeignet ist als das Ziel in New York, wo man offenbar fürchtet, daß einige Emotionen zum Ausbruch kommen könnten. Ganz

128

nach amerikanischer Sitte werden auch die Rennleitung und die treuen Helfer mit Kleinigkeiten bedacht. Dale erhält als besondere Auszeichnung eine „standing ovation", also Applaus, bei dem sich alle von den Sitzen erheben. In seiner bescheidenen Art wies er diese Ehrung zurück und erklärte mit Nachdruck, seine Arbeit sei nicht der Rede wert gewesen, wir, die Läufer, seien die wahren Helden dieses Rennens.

Andy und seine beiden Ärztekollegen sind auch wieder eingetroffen und werden uns bis ins Ziel begleiten, um dort die letzten medizinischen Tests durchzuführen. Vor dem Start, einmal auf der Strecke und nach dem Ziel wurden wir vermessen, orthopädisch untersucht, und von jedem, der es wollte, wurde auch ein Blutbild bestimmt. Diese Untersuchungen sollen Aufschluß über organische Veränderungen bringen und vor allem der Sportmedizin neue Erkenntnisse vermitteln.

Am 20. August überqueren wir den Delaware River und betreten den Boden von New Jersey, dem letzten der 13 Bundesstaaten, die wir durchliefen, bevor wir zwei Tage später mit New York unser endgültiges Ziel erreichen. Eine herbe Enttäuschung ist unser letztes Nachtlager in South Orange, wo wie am Ende der ersten Etappe als Dusche nur ein Schlauch mit kaltem Wasser auf uns wartet.

„Was soll's, morgen ist ohnedies alles vorbei", werden sich wohl alle gedacht haben und genießen noch einmal die von Runner's World zur kleinen Entschädigung gesponserten Pizzas als letztes gemeinsames Abendessen.

Die letzte Etappe läuft nach außen hin wie alle vorherigen ab. Es ist Samstag, der 22. August, und damit ist ein letztes Mal Time trial angesagt. Nur der Start wird angeblich auf Wunsch des Fernsehens auf sieben Uhr für Dave und acht Uhr für alle anderen verschoben.

Ich ziehe mir ganz bewußt die gleichen Laufklamotten an wie beim Start in Huntington Beach, das weiße Nationaltrikot mit dem rotweißroten Balken auf der Brust und dem Schriftzug „Österreich" am Rücken und dazu die als „Stars and stripes" gemusterte Laufhose als eine Art Tribut an das Veranstalterland. Auch mache ich das gleiche wie nach dem Start zur ersten Teilstrecke. Ich laufe dem gesamten Feld die ersten paar hundert Meter davon, bevor ich mich einholen lasse und in der Gruppe weiterlaufe.

Emile und Serge scheint eine Tarantel gestochen zu haben, sie legen ein Höllentempo vor und sind bald allen weit voraus. Dahinter bilden sich ohne jede Absprache zwei Gruppen. Die erste mit Milan, Tom, Richard, Ed, Helmut, Stefan,

John Wallis und mir in recht flottem Tempo, dahinter etwas gemächlicher die zweite mit Peter, Marty, John und Billye, der diese letzte Strecke auch noch genießen möchte. Ganz am Ende schließlich Carol und Leon, die sich vorgenommen haben, die gesamte Etappe zurückzulegen. Die Rennleitung hatte mehrmals betont, in New York würde nichts über die Bühne gehen, bevor nicht der letzte Teilnehmer im Ziel ist. Aber erstens kommt es anders ...

Erste Unmutsäußerungen über Emile und Serge werden laut, da taucht Serge vor uns auf, er konnte natürlich das scharfe Tempo von Emile nicht halten, kann auch mit uns nur eine Weile mitlaufen und fällt dann immer weiter zurück.

Vor uns die Washington Brücke, das Tor nach New York. Das Ziel ist greifbar nahe. Mehrere TV-Teams sind fast die gesamte Strecke an unserer Seite, es ist bestimmt das einzige Rennen, bei dem die Fernsehkameras nicht auf den Führenden gerichtet sind, aber mit Milan, Tom und Richard sind die Spitzenleute nach Gesamtsieger Dave in unseren Reihen, und nur das scheint zu zählen, zumal Dave ja eine Stunde vor uns gestartet war.

Mit Sekt ließ sich Stefan mit seiner Bayernfahne im Ziel übergießen. Bayerisches Bier stand leider nicht zur Verfügung

Die Freude über sein Durchkommen war so groß, daß Serge im Ziel in New York zusammenbrach

Peinliche erste Panne dann mit Emile, dessen Zieleinlauf von allen richtiggehend verschlafen wird. Er muß für Fernsehen und Fotografen ein zweites Mal durch das Ziel laufen.

Kurz vor dem Central Park, an dessen südwestlicher Ecke beim Columbus Circle sich das Ziel befindet, bleibt unsere Gruppe stehen. Der letzte Kilometer wird einzeln nach der Gesamtplazierung zurückgelegt, und in ebendieser Reihenfolge passieren wir schließlich hintereinander die Ziellinie. Nur Stefan hat sich absichtlich schon vorher zurückfallen lassen. Er kommt nach uns mit der bayerischen Fahne daher, kniet sich im Ziel nieder, küßt den Boden und läßt sich mit Sekt überschütten. Ihm folgt mit einigem Abstand Serge, der kurz hinter der Ziellinie zusammenbricht. Das Bewußtsein, es trotz Tausender Hindernisse geschafft zu haben, war zuviel für ihn. Er erholt sich aber rasch und ist bald in Gespräche mit Vertretern seines Sponsors vertieft.

Es folgt die hinter uns laufende Gruppe, die gemeinsam das Ziel durchläuft, und als ich Billye mit einem Lächeln einlaufen sehe, wird mit plötzlich bewußt, welche Geschmacklosigkeit sich der Veranstalter für diesen Finaleinlauf eigentlich geleistet hat. Journey und Stage Runners waren nämlich angewiesen, nicht durch das gemeinsame Ziel zu laufen. Laut Anweisung auf dem letzten Turnsheet hätten diese kurz vor dem Ziel nach links abbiegen müssen und auf einem anderen Weg den Central Park betreten sollen. Dort war allerdings gar kein Ziel aufgebaut, ihr Lauf hätte also im Nichts geendet. Geschmackloser ging es wohl nicht mehr. Dazu kommt, daß diese Anordnung oder Entscheidung niemandem mitgeteilt wurde und nur aus dem Streckenbeschreibungsblatt ersichtlich war. Das war aber noch nicht die letzte Peinlichkeit. Der Gipfel der Schweinerei – ich finde einfach keinen anderen Ausdruck dafür – sollte noch folgen.

Im Ziel jede Menge Prominenz: George Hirsch, der Verleger von Runner's World, Harry Abrams, der einzige noch lebende Teilnehmer beider Bunion Derbys, Fred Lebow, der Organisator des New York Marathons, Ted Corbitt, der Vater des Ultralaufens in den USA, alle waren sie gekommen.

Da wurde gefilmt, fotografiert, gab es Interviews, daß man kaum Zeit hatte, das Gefühl des „du hast es geschafft, nun liegt alles hinter dir" aufkommen und auf sich wirken zu lassen. An einen Baum gelehnt steht ein sehr nachdenklicher Al. Stan, der uns so lange als Helfer zur Seite gestanden hatte, sitzt sichtlich ergriffen auf einer Bank, und Bruno – ja, Bruno war zur Überraschung aller tatsächlich zum Ziel gekommen – steht etwas abseits und weint wie ein kleines Kind.

George Hirsch, der
Herausgeber des
Laufmagazins
„Runner's World",
mit dem Autor im
Ziel in New York

Ein sehr nach-
denklicher Al.
Er war der erklärte
Favorit, aber an
seinen Verletzun-
gen schon in Las
Vegas gescheitert

Nach der offiziellen Verkündung des Gesamtresultats und einer kurzen Ehrung von Dave erhält Kelly noch einen Blumenstrauß in die Hand gedrückt, und die ganze Karawane zieht zu O'Flanagan's, einem Restaurant, dessen Besitzer selbst Ultraläufer ist. Der Name seines Lokals erinnert an den Roman von Tom McNab „O'Flanagan's Run" (deutscher Titel „Das Rennen"), der darin in dramatisierter Form die Bunion Derbys schildert.

Es folgt eine letzte Rangverkündung durch Al, der diese auch während des Rennens immer in höchst launiger Weise vortrug. Der Chef des Lokals teilt kleine Geschenke aus und dann stürzt sich alles auf das köstliche Buffet.

Wir waren schon fast gesättigt, als plötzlich Carol und Leon hereinspaziert kommen. Sie hatten ihr Vorhaben verwirklicht, tatsächlich die gesamte Strecke zurückgelegt und waren noch vor der auf dem Turnsheet ausgewiesenen Cutoff-Zeit im Ziel gewesen, oder besser im Zielgelände, denn in der Zwischenzeit hatte man bereits alles abgebaut. Man hatte die beiden einfach vergessen, es gab gar kein Ziel mehr.

Dave nach dem Überqueren der Ziellinie in New York. Er war in jedem Fall ein würdiger Sieger, der dafür auch viel geopfert und investiert hatte

Carol, die vor Leon im Central Park eingetroffen war, machte sich zu Fuß auf den Weg zu O'Flanagan's, denn dort befand sich auch der LKW mit dem gesamten Gepäck, und Leon wurde von einer Polizeistreife gebracht. Ich war über diese beispiellose Entgleisung der Verantwortlichen derart aufgebracht, daß ich bald aufbrach, bevor ich noch mit irgend jemandem womöglich zu streiten begann.

Ein zwangloses Treffen bei O'Flanagan's gegen Mittag des darauffolgenden Tages beschloß dann endgültig dieses Rennen, das so viele Glanzlichter, Erfahrungen, Freundschaften, Siege wie Niederlagen, Enttäuschungen wie Freuden gleichermaßen an den 64 mitunter chaotischen Tagen gebracht hat, daß nun am Ende wohl für jeden einzelnen das Motto des Veranstalters zutraf: Es war eine „Experience of a Lifetime", eine Erfahrung fürs Leben.

———

Der erfolgreiche TransAm-Läufer wird interviewt:
    „Was haben sie nach dem Ziel getan?"
    „Geschlafen."
    „Gut, und dann?"
    „Geschlafen."
    „Ja, gut, aber dann am vierten Tag?"
    „Dann hab ich mir die Laufschuhe ausgezogen."

In O'Flanagan's Bar wurden unsere Schätze in Getränke umgewandelt

134

Die Teilnehmer
am Transamerikalauf 1992

1. Dale Beam, 45, Wisconsin, USA
2. Billye Butler, 63, Mississippi, USA
3. Carol Carter, 42, Kalifornien, USA
4. Marv Christensen, 59, Washington, USA
5. Serge Debladis, 44, Frankreich
6. James „Echo" Edmonson, 49, Kalifornien, USA
7. Bruno Fioretti, 50, New York, USA
8. Peter Hodson, 37, Großbritannien
9. Al Howie, 46, Schottland/Kanada
10. Ed Kelley, 34, Kalifornien, USA
11. Emile Laharrague, 45, Frankreich
12. Helmut Linzbichler, 51, Österreich
13. John McPhee, 53, New York, USA
14. Celine Mercier, 40, Kanada
15. Milan Milanovic, 32, Schweiz
16. Leon Ransom, 55, Kalifornien, USA
17. Tom Rogozinski, 24, Maryland, USA
18. Helmut Schieke, 53, Deutschland
19. Stefan Schlett, 30, Deutschland
20. Marvin Skagerberg, 54, New Jersey, USA
21. Maul Soyka, 43, New Jersey, USA
22. Marty Sprengelmeyer, 46, Iowa, USA
23. John Surdyk, 34, Illinois, USA
24. John Wallis, 55, Michigan, USA
25. Dave Warady, 35, Kalifornien, USA
26. Richard Westbrook, 45, Georgia, USA
27. Ed Williams, 63, Missouri, USA
28. Kim Youngdahl, 56, Maine, USA

Die 64 Etappen und ihre Streckenlänge in Meilen und Kilometern

1 Huntington Beach	-	Cucamonga	49,8	80,1
2 Cucamonga	-	Victorville	46,5	74,8
3 Victorville	-	Barstow	38,85	62,5
4 Barstow	-	Ludlow	51,75	83,2
5 Ludlow	-	Amboy	28,4	45,7
6 Amboy	-	Kelso	39,5	63,5
7 Kelso	-	Stateline	47,55	76,5
8 Stateline	-	Las Vegas	35,5	57,1
9 Las Vegas	-	Glendale/Moapa	54,85	88,2
10 Glendale/Moapa	-	Mesquite	36,95	59,4
11 Mesquite	-	St. George	46,25	74,4
12 St. George	-	Cedar City	53,25	85,7
13 Cedar City	-	Beaver	55,3	89
14 Beaver	-	Monroe	52,4	84,3
15 Monroe	-	Salina	29	46,7
16 Salina	-	I-70 Camp 1	33,15	53,3
17 I-70 Camp 1	-	I-70 Camp 2	29,7	47,8
18 I-70 Camp 2	-	Green River	44,95	72,3
19 Green River	-	Cisco	48	77,2
20 Cisco	-	Fruita	44,75	72
21 Fruita	-	Parachute	55,75	89,7
22 Parachute	-	Glenwood Springs	42,8	68,9
23 Glenwood Springs	-	Eagle	40,3	64,8
24 Eagle	-	Frisco	57,75	92,9
25 Frisco	-	Idaho Springs	48,3	77,7
26 Idaho Springs	-	Denver/Aurora	44,9	72,2
27 Denver/Aurora	-	Byers	31,95	51,4
28 Byers	-	Anton	55,05	88,6
29 Anton	-	Joes	31	49,9
30 Joes	-	St. Francis	51,15	82,3
31 St. Francis	-	Atwood	40,9	65,8
32 Atwood	-	Norton	60,15	96,8
33 Norton	-	Kensington	47,2	75,9
34 Kensington	-	Mankato	43,8	70,5
35 Mankato	-	Cuba	41,15	66,2
36 Cuba	-	Marysville	43,5	70
37 Marysville	-	Hiawatha	58,85	94,7
38 Hiawatha	-	Elwood	36,4	58,7
39 Elwood	-	Hamilton	48,4	77,9
40 Hamilton	-	Brookfield	49,8	80,1

41 Brookfield	-	Clarence	45,75	73,6
42 Clarence	-	Hannibal	51	82,1
43 Hannibal	-	Pittsfield	33,9	54,5
44 Pittsfield	-	New Berlin	53	85,3
45 New Berlin	-	Decatur	55,85	89,9
46 Decatur	-	Newman	53,3	85,7
47 Newman	-	Rockville	41,35	66,5
48 Rockville	-	Indianapolis	53,3	85,7
49 Indianapolis	-	Cambridge City	57,85	93,1
50 Cambridge City	-	Lewisburg	32,95	53
51 Lewisburg	-	South Vienna	52,2	84
52 South Vienna	-	Reynoldsburg	47,6	76,6
53 Reynoldsburg	-	New Concord	57,2	92
54 New Concord	-	St. Clairsville	47	75,6
55 St. Clairsville	-	Monongahela	60,25	97
56 Monongahela	-	Ligonier	43,4	69,8
57 Ligonier	-	Schellsburg	36,95	59,5
58 Schellsburg	-	McConnelsburg	44	70,8
59 McConnelsburg	-	New Oxford	55,6	89,5
60 New Oxford	-	Lancaster	41,55	66,9
61 Lancaster	-	Kutztown	48	77,2
62 Kutztown	-	Washington	49	78,8
63 Washington	-	South Orange	49,2	79,2
64 South Orange	-	New York City	30,1	48,4

Gesamt		2935,8	4723,7

Vor demStart zur 53. Etappe kommt ein Läufer zum Rennarzt und klagt ihm sein Leid: „Ich kann heut unmöglich laufen. Ich fühle mich so furchtbar. Ich weiß nicht, was mit mir los ist." Darauf der Arzt: „Das werden wir gleich haben. Wo tut es denn überall weh?"

Antwortet der Läufer: „Das ist ja das Problem. Ich verspüre heute überhaupt keine Schmerzen!"

Die 14 Bundesstaaten, die durchlaufen wurden

Kalifornien
Nevada
Arizona (ohne Etappenziel)
Utah
Colorado
Kansas
Missouri
Illinois
Indiana
Ohio
West Virginia (ohne Etappenziel)
Pennsylvania
New Jersey
New York

Das Endergebnis

	Stunden	Minuten	Sek.
1. Dave Warady	521	35	57
2. Milan Milannovic	527	16	21
3. Tom Rogozinski	528	48	54
4. Richard Westbrook	537	33	04
5. Emile Laharrague	542	38	03
6. Ed Kelley	545	09	45
7. Helmut Schieke	563	05	40
8. Peter Hudson	596	20	01
9. Stefan Schlett	619	28	22
10. Marty Sprengelmeyer	640	56	30
11. John Wallis	653	14	37
12. John Surdyk	695	30	41
13. Serge Debladis	704	09	10
	Meilen	Kilometer	
14. Helmut Linzbichler	2651,15	4265,7	
15. Leon Ransom	1924,10	3095,9	
16. Carol Carter	1305,75	2100,9	
17. Paul Soyka	1071,05	1723,3	
18. Celine Mercier	403,30	648,9	

RUNN

TRAN

FO C

LOS ANGELES
JUNE 20 -

NV

SAN FRANCISCO

• SALT LAKE CITY

CA

UT

DENVER

• LAS VEGAS

CO

LOS ANGELES

•

KS

START: HUNTINGTON BEACH

ORLD
RICA
C E

W YORK CITY
T 22,1992

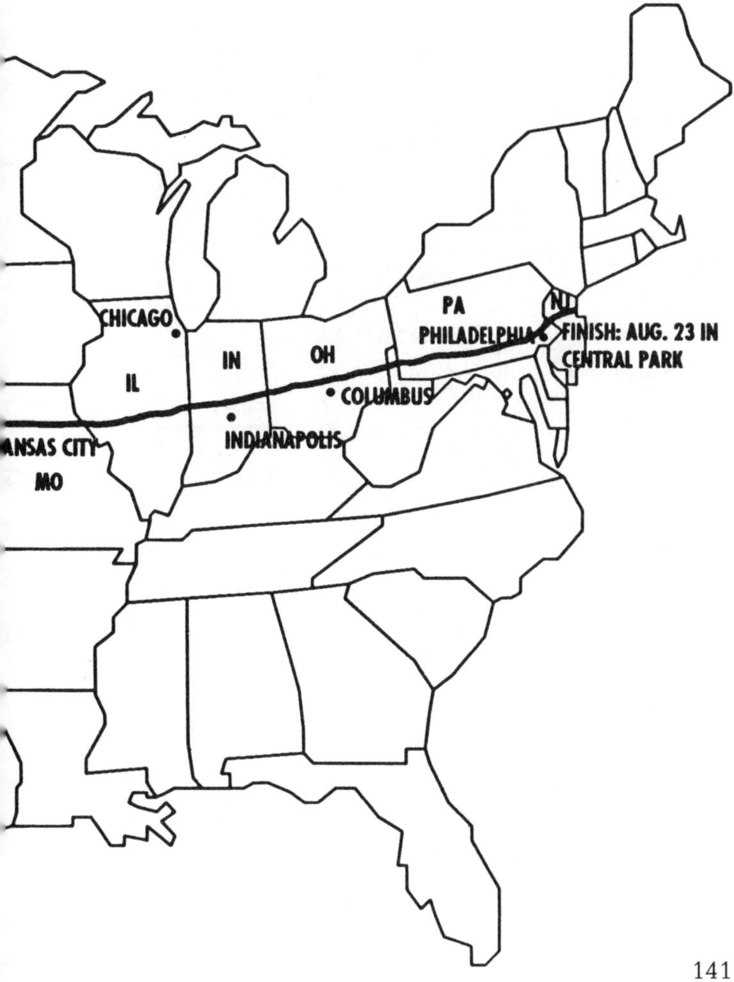

CHICAGO

IL

IN

OH

PA

PHILADELPHIA

NJ

FINISH: AUG. 23 IN
CENTRAL PARK

COLUMBUS

INDIANAPOLIS

ANSAS CITY
MO

Waldemar Cierpinski, Volker Kluge

Meilenweit bis Marathon

**2. Auflage, 125 Schwarzweiß- und 17 Farbfotos, Format 17×24 cm
Gebunden mit Schutzumschlag
ISBN 3-328-00182-4**

Die Geschichte des Marathonlaufs, packend und informativ ge-
schildert. Olympiasieger Waldemar Cierpinski beschreibt die unvergeßlichen Höhepunkte seiner Laufbahn. Mit Tips und Hinwei-
sen für alle, die selbst laufen. Eine Statistik gibt Auskunft über die
wichtigsten Marathon-Ereignisse.

Manfred Steffny

Die schönsten Marathonstrecken
in aller Welt

276 Seiten, 35 Fotos, 20 Skizzen, 12,7 x 20,5 cm, gebunden
ISBN 3-328-00515-3

Der „Reiseführer" zu den schönsten Laufstrecken und Marathon-
Wettbewerben in mehr als 50 Ländern. Lesenswerte Impressionen
über Land und Leute und detaillierte Angaben und Daten zur
Streckenführung, zu Streckenprofilen, klimatischen Besonderhei-
ten, Unterbringungsmöglichkeiten sowie Anmelde-Adressen, Start-
gebühren usw.

Prof. Dr. sc. Manfred Reiß, Dr. Ulrich Pfeiffer

Leistungsreserven im Ausdauertraining

Reihe: Sportwissenschaft für die Praxis, Band 9

208 Seiten, 69 einfarbige Abbildungen, 12,5 x 20,0 cm
ISBN 3-328-00415-7

Unbestritten war eine der wesentlichen Ursachen für die
Erfolge von Sportlern der ehemaligen DDR die effektive
Nutzung der Sportwissenschaft für den Leistungsaufbau.
Wissenschaftliche Erkenntnisse und praktische Erfahrungen
im Ausdauertraining, die bis zum Herbst 1989 wie Staats-
geheimnisse gehütet wurden, sind in dieser konzentrierten
Zusammenfassung von höchstem praktischen Nutzen und
haben nichts an Aktualität eingebüßt. Als besonderer Vorteil
ist die interdisziplinäre Verfahrensweise anzusehen. Dar-
gestellt werden die Grundlagen für ein leistungswirksa-
mes Training, Erkenntnisse der Leistungsstruktur und zur
Entwicklung leistungsbestimmender Faktoren sowie moder-
ne Prinzipien der Belastungssteigerung, der Belastungsge-
staltung und der Trainingssteuerung. Trainern, Sportlern,
Sportwissenschaftlern und Managern bieten sich unzählige
Möglichkeiten, Leistungsreserven aufzudecken und kon-
zeptionell neue Ansätze zu finden.

SPORTVERLAG